KB202774

손계문의 요한계시록 해석, 과연 건전한가?

박유신 지음

박유신의 유튜브 쟁점 진단 시리즈 I

손계문의 요한계시록 해석,
과연 건전한가?

발행일   초판 1쇄 2021년 12월 24일
저 자   박유신
디자인   최주호(makesoul2@naver.com)
인 쇄   넥스트 프린팅
총 판   하늘유통(031-947-7777)
펴낸곳   기독교포털뉴스(www.kportalnews.co.kr)
신고번호   제 377-25100-2011000060호(2011년 10월 6일)
주 소   우 16518 경기도 수원시 영통구 중부대로 335 삼부리치안 1동 806호(원천동)
전 화   010-4879-8651

가 격   12,000원
이메일   unique44@naver.com
홈페이지   www.kportalnews.co.kr

ISBN   979-11-90229-19-7   93230

손계문의
요한계시록 해석

과연
건전한가

박유신의 You Tube 쟁점 진단 시리즈 I

박유신 지음

기독교포털뉴스

목차

들어가는 말

　유튜브에서 손계문의 요한계시록 설교를 들었다. 성경 해석의 세계에서 통용되지 않는 매우 비상식적 내용들이라 30분 정도 듣다가 채널을 돌려 버렸던 기억이 난다. '참, 별의 별 사람들이 성경을 가르치는구나'라는 생각이 들었다. 구글 알고리즘이 가끔 그의 모습을 필자의 노트북 인터넷 화면에 띄어줘도 별 관심을 두지 않았다. 그런데 어떤 이로부터 "요한계시록 설교는 손계문을 따라 올 자가 없다"는 말을 들었다. 어떤 이는 손계문을 "마지막 시대에 한국교회에 경종을 울리는 하나님의 사자"라고 평가하기도 했다. 그러던 중 기독교포털뉴스의 정윤석 대표로부터 한국교회를 위해 손계문의 문제점을 바르게 알려야 한다는 보고를 접했다. 이것이 손계문에 관심을 두게 된 계기였다.

　최대한 객관적으로 이해하기 위해 편견을 버리고 그의 요한계시록 설교 전편을 들었다. 이 과정에서 요한계시록에 대한 잘못된 해석의 극단과 전통적인 교회관을 허무는 이설(異敎)을 발견할 수 있었다. 그것은 큰 틀에서 요한계시록에 대한 자기의 해석과 가톨릭의 해석을 선과 악으로 대비하는 것, 요한계시록의 전 구절을 세계사 속에서 등장했던 특정 연대에 꿰맞추는 것, 요한계시록에서 안식교의 교리들을 이끌어 내는 것, 미국과 전 세계의 개신교회를 멸망의 대상으로 지목하는 것 등이었다. 이는 분명히 비성경적이며 비상식적 해석이었다.

그런데도 손계문의 설교에 수많은 사람이 열광하고 환호하고 있다. 이는 유튜브 채널 구독자 수와 시청자들이 남긴 댓글을 통해 확인된다. 일반인들이 성경을 전하는 설교에 열광할 리 없고, 성경을 가르치는 목사의 채널을 구독할 리 없다. 따라서 구독자와 시청자들은 대다수 크리스천일 가능성이 높다. 그들 중 대부분은 자신이 출석하는 교회에서 설교를 듣고 또 손계문의 설교를 들을 것이다. 그들은 교회와 목사를 거리낌 없이, 무차별적으로 사탄 혹은 사탄의 배후로 지목하는 손계문의 설교에 노출되어 있는 사람이다. 그 피해가 어느 정도인지는 손계문의 주장이 여과 없이 투영된, 시청 후 남긴 댓글들에서 가늠할 수 있다. 이런 크리스천들이 자신이 출석하는 교회로 돌아가 어떤 종류의 영향을 끼칠지 안 봐도 훤하다.

이 책은 손계문의 요한계시록 해석의 문제점을 지적하고 성경적 대안을 제시했다. 어처구니없는 해석이지만 가급적 일방적으로 깎아내리는 감정적 태도는 자제했다. 물론 이 책은 손계문의 요한계시록 해석에 대한 비판서이지만 그의 잘못된 해석을 반면교사 삼아 올바른 요한계시록 해석이 어떠해야 하는지 보여주고자 노력했다.

이 책은 총 10장으로 구성했다. 즉 열 개의 주제를 다뤘다. 매 장마다 손계문의 주장을 요약 정리한 후 문제를 제기하며 그의 주장을 비판했다. 그리고 대안으로 올바른 해석이 무엇인지를 제시했다. 마지막으로 손계문의 설교를 녹취한 원문을 제시하는 형식으로 구성했다.

이단 대처를 위한 양서 출판에 힘쓰는 기독교포털뉴스의 정윤석 대표와 기도로 후원해주시는 안산제일교회 교인들과 필자가 관장으로 있는 손양원기념관의 이사님들과 직원들에게 감사드린다. 이 책이 요한계시록을 매개삼아 한국교회 주변에 기생하는 사이비들을 뿌리 뽑는 데 기여할 수 있기를 간절히 소망한다.

2021년 11월 12일 박유신

1장

◆

선 넘은 손계문의 요한계시록 설교

1장

선 넘은 손계문의 요한계시록 설교

1. 손계문에 대한 비평

1) 손계문의 주장 요약

'가짜 해석에 점령당한 기독교를 구원하라'는 제목으로 2017년 4월 21일 유튜브 성서연구원(11HN 성서연구원으로도 활동했다) 채널에 올린 손계문의 주장을 요약하면 다음과 같다. 손계문의 주장 녹취록은 매 장 후반에 실었다.

* 오늘날 개신교의 요한계시록 해석 방법은 개신교를 박멸하기 위해 창설된 예수회가 고안해 낸 작품이다.
* 개신교가 사탄이 심어 놓은 이 작품(과거주의 해석, 미래주의 해석)을 따르고 있다.
* 개신교는 종교개혁자들처럼 역사주의 해석 방법을 따라야 한다.

* 요한계시록의 내용은 승천 때부터 재림 때까지의 기독교의 역사를 총망라하고 있다.

2) 손계문의 주장 비판

최근 가장 '핫'한 유튜브 채널이 '11시 성서연구원'이다. 이 채널을 통해 설교 영상을 올리고 있는 손계문에 대한 관심도가 높아지고 최근 들어 그에 대한 문의가 쇄도하고 있다. '11시'는 마지막 때, 종말의 때가 가까웠음을 알리는 상징으로 보인다. 결국 '11시 성서연구원'이라함은 종말의 때에 성경을 연구해서 하나님의 비밀을 알려준다는 의미로 해석할 수도 있다.

손계문은 안식교 출신 강병국의 'SOS TV'방송 출연진으로 활동했고, 강병국의 단체 '생애의 빛' 한국지부 책임자를 지내기도 했다. 강병국이 사망하자 독립하여 인터넷 방송 '11시 성서연구원'을 독자적으로 시작했고, 2017년 7월 1일 지역 교회인 '열한시교회'를 설립하기도 했다. 현재는 12만 7천명의 구독자를 확보한 최고의 인기 유튜버이다.

이단 전문가로 활동하고 있는 정택주의 연구에 따르면 유튜브에 올라와 있는 수많은 요한계시록 설교 가운데 조회 수 1위부터 10위까지가 대부분 그의 설교이다. '가짜 해석에 점령당한 기독교를 구원해라', '가짜 기독교 진짜 기독교' '지구의 종말 얼마나 남았는가?', '지구 종말 시나리오', '마지막 생존자', '세상을 움직이는 비밀

조직', '짐승의 표 성경 예언과 미국 그리고 프리메이슨' 등에서 보듯이 대다수 그의 설교 제목이 매우 자극적이다. 그 중에 다수는 임박한 종말론을 콘텐츠로 삼고 있다. 그는 원고 없이 매우 정제된 문장과 세련된 화법을 구사하며, 매우 신학적이고 학문적인 소재를 섞어 논증을 이어가는데 능숙하다. 자기가 원하는 결론을 이끌어내기 위해 매우 객관성을 갖춘 듯이 보이는 자료들을 활용한다.

손계문이 '대전제'로 설정하고 있는 내용은 개신교가 종교개혁의 신앙적 유산을 상실했다는 것, 사탄이 개신교의 배후라는 것 등이다. 이러한 대전제를 설정하는 이유는 자기와 개신교를 분리하기 위해서이다. 그리고 자신의 출현 정당성을 알리기 위해서이다.

11시 성서연구원 홈페이지에는 다음과 같은 글이 올라와 있다. "오늘날 개신교는 그 이름을 잃어버렸습니다. 뼈저린 희생을 치르며 지켜온 개혁 신앙의 귀중함을 망각하고, 성서적으로 명백한 오류임을 깨닫고도 개혁의 의지를 상실한 채 신앙적 양심에 아무 부담도 느끼지 않고, 개혁을 위한 어떠한 희생도 원치 않는 오늘날 대부분의 개신교인들은 진정한 종교개혁의 후예들입니까? 오늘날 누가 과연 우리 앞에 놓여 있는 진리의 맥을 이어 가기 위해 일어설 것입니까? 이제는 여러분이 듣고 보는 모든 것을 하나님의 말씀으로 확인해 보아야 할 엄숙한 시기입니다."

종교개혁의 가치를 상실한 개신교, 양심이 마비된 개신교, 성서적 오류에 빠져 있는 개신교라는 언급과 오늘날 누가 진리의 맥을 잇기 위해 일어서는지 보라는 언급에서 그가 어떤 생각을 하고 있고, 그가 무슨 일을 하고 있으며, 그가 하고 싶어 하는 일이 무엇인지를 짐작할 수 있다.

손계문은 마태복음 20장에 등장하는 '포도원 주인의 비유'를 인용하며 전 세계의 개신교 신학대학과 개신교회가 모두 로마 가톨릭에 장악되어 있으므로 지금 시대를 가리켜 '해가 저무는 시대'로 비유한다. 그리고 자기와 자기 단체는 이 위급한 시대에 급히 투입된 11시의 일꾼, 곧 종교개혁의 후예들에 비유한다. 말하자면 이 마지막 시대에 자기들에 의해 지금까지 종교개혁의 유산이 이어지고 있다는 것이다. 그렇다면 손계문에게 있어서 종교개혁이란 무엇일까?

'가짜 해석에 점령당한 기독교를 구원하라'는 설교에서 그는 종교개혁이란 종교개혁자들이 사용했던 요한계시록 해석 방법을 따르는 일이라고 주장한다. 즉 종교개혁자의 요한계시록 해석의 맥을 잇는 것이 종교개혁이라는 것이다. 손계문은 개신교가 사탄에게 점령당한 이유도 요한계시록에서 찾는다. 즉 개신교가 가톨릭이 해석하는 요한계시록을 받아들였기 때문에 사탄의 지배를 받게 되었다는 것이다. 그리고 자신만이 종교개혁자들의 해석을 따르고 있다고 주장한다.

손계문은 개신교가 종교개혁의 정신을 상실한 이유를 더욱 세부적으로 설명한다. 그는 개신교의 비극이 가톨릭이 개신교를 박멸하기 위해 창설한 '예수회'가 고안해낸 요한계시록 해석 방법을 받아들이면서 시작되었다고 주장한다. 그리고 사탄이 이러한 과정의 배후에 있다고 말한다.

손계문의 주장을 직접 들어보자. "저는 오늘 기독교에 도전합니다. 오늘날 기독교가 종말론이라고 붙들고 있는 그 가르침은 성경의 가르침이 아니라 그 반대로 성경의 진리를 올바로 깨닫지 못하도록 개신교회가 그 기능을 상실하도록 예수회가 개신교의 탈을 쓰고 개신교 신학 안에 들어와서 뿌려 놓은 가라지들이 상당수입니다. 물론 그 배후에는 사탄이 있습니다."

이어서 그는 이 '사탄 배후설'에 대한 구체적인 내용을 설명한다. 종교개혁 후 가톨릭은 1543년 8월 15일 이그나티우스 로욜라가 개신교회를 박멸하려고 예수회를 창설했는데 이 예수회 신부 중 한 사람이 적그리스도를 당대의 교황으로 지목하는 것을 피하려고 요한계시록을 이미 요한 당시에 성취된 사건 즉 과거주의적 해석 방법을 고안해 냈다는 것이다. 그리고 또 한 사람의 예수회 신부를 통해서 요한계시록을 먼 미래에 일어날 사건 곧 미래주의적 해석 방법을 고안해 냈다고 주장한다. 목적은 적그리스도가 교황을 가리킨다는 지적을 피하기 위해서라고 한다. 이렇게 사탄에 넘어간 결과 개신교는 과거주의와 미래주의를 받아들였고, 이를 앵무새처럼 종알거리게 되었다는 주장이다.

손계문은 개신교가 과거주의 해석 방법, 특히 미래주의 해석 방법을 수용하고 있다고 지적하며 이를 근거로 개신교를 사탄의 추종자로 매도한다. 가톨릭도 사탄이고 가톨릭이 창설한 예수회도 사탄이고 예수회가 만들어 낸 교리도 사탄적이므로 이 교리를 공유한 개신교의 배후도 사탄이라는 것이다. 대단히 자의적이고 주관적인 판단이다. 물론 가톨릭의 사제주의, 연옥설, 성사, 마리아에 대한 이해 등은 수용 불가능한 것이 사실이다. 그렇다고 가톨릭 자체가 사탄이라 할 수 있는가?

우리가 주일 예배 때 반복적으로 고백하는 '사도신경'은 서방교회 즉 가톨릭이 공인한 신조이다. 종교개혁자 루터와 칼빈은 자신의 신학적 타당성을 로마 가톨릭의 교부 아우구스티누스에서 찾았다.[1] 즉 개신교의 뿌리는 가톨릭임을 부정할 수 없다. 물론 상당한 이견을 보이고 있는 교리들이 존재하는 것이 사실이지만 개신교와 가톨릭은 동일한 신학적 뿌리를 가지고 있고 동일한 신조를 고백한다는 공통점도 있다. 이러한 가톨릭을 사탄과 동일시하고 여기에 요한계시록 해석의 경향성을 끌어들여 가톨릭과 개신교를 묶어 사탄으로 매도하는 것은 정상적이지 않다.

그런 논리대로 라면 손계문 자신도 사탄이 배후이다. 손계문은 예수 그리스도께서 태초부터 선재하셨던 하나님이란 사실을 믿는가?

---

1) F. E Mayer, 『루터교 신학』, 지원용 역, (서울: 컨콜디아사, 1985), 17-18.

가톨릭이 AD 325년에 이 교리를 확정했고 예수회도 이를 따르고 있다. 만약 '그리스도의 선재성'을 믿는다면 그의 배후도 사탄이다. 손계문은 삼위일체 교리를 받아들이는가? 가톨릭이 AD 451년에 이 교리를 결정했고 예수회도 이를 받아들였다. 만약 손계문이 삼위일체를 믿는다면 그의 배후도 사탄이다.

　과거주의와 미래주의가 가톨릭의 유산이라는 이유를 들어 이를 사탄의 산물로 매도하는 것은 '가톨릭=사탄'이라는 특정 전제를 가진 손계문의 자의적 판단에 불과하다. 요한계시록의 해석 방법과 사탄 사이에 어떠한 인과관계도 존재하지 않는다. 심지어 손계문은 개신교를 개혁의 대상이라는 대전제를 성립시키기 위해 개신교에 사탄 프레임을 무리하게 뒤집어씌우는 일도 서슴지 않는다. 이러한 기법은 사이비의 전형적인 모습이다.

　요한계시록 해석 방법은 전통적으로 과거주의·역사주의·미래주의·이상주의 해석 등 네 가지로 분류한다. 과거주의와 미래주의는 요한계시록을 해석하는 다양한 해석 방법 가운데 일부분이다.

　오늘날 요한계시록을 적극 가르치고 있는 개신교 목사들이 어떤 해석 방법을 선호하고 있는지는 평가하기 어렵다. 왜냐하면 일일이 방문하여 그들의 설교를 경청할 수 없기 때문이다. 필자가 안산제일교회 성서대학에서 요한계시록을 가르쳤을 때는 어느 하나의 특정 해석 방법에 의존하지 않고 각 장르에 따라 구체적인 해석 원리를 달리 하였다. 왜냐하면 요한계시록은 묵시(1:1), 예언(1:3, 22:6-7, 22:18-19), 편지(1:4-6)라는 세 가지 장르로 구성된 책이기에 천편일률적인 한 가지 방법에 의존할 수 없었기 때문이다.

이는 필자가 수학했던 장로회신학대학의 박수암 신약학 교수의 논점이기도 하다. 예장 합동 소속, 총신대 권성수 교수는 원근통시 방법, 즉 요한계시록의 네 해석 방법을 종합적으로 사용하여 지도해 왔고[2] 합동신학대학의 홍창표 교수도 네 해석 방법을 모두 결합한 '집합적 해석'을 적용해 왔다.[3] 오늘날 개신교와 개신교 신학대학이 과거주의와 미래주의에 함몰되어 있다는 손계문의 주장은 그 어디에도 근거를 찾을 수 없다.

손계문은 종교개혁자들은 요한계시록을 역사주의로 해석했으므로 역사주의가 종교개혁의 유산이라고 정의한다. 과연 이러한 주장이 신빙성이 있는가? 과연 종교개혁자들이 요한계시록을 역사주의 해석 방법에 따라 해석하였을까? 하지만 요한계시록은 당시 기독교 주류에서 배제된 책이었다. 그러한 경향의 선봉에 섰던 사람이 루터였다. 물론 루터가 로마 교황을 적그리스도로 규정했던 것은 사실이다. 하지만 그는 요한계시록의 정경성과 정경의 절대 요소인 성령의 감동하심을 인정하지 않으며 요한계시록을 유대 묵시문학과 동일

---

2) 권성수, 『요한계시록』, (서울: 선교횃불, 1999), 519.

3) 홍창표, 『요한계시록 해설 1집』, (서울: 크리스챤북, 1999), 108-109.

한 수준으로 격하시켰다.[4] 과연 이러한 그가 요한계시록을 역사주의 해석 방법에 따라 주석했을까? 칼빈 또한 요한계시록을 주석하지 않았다. 칼빈이 요한계시록을 주해하지 않은 것은 이와 같은 당시 분위기와 전혀 무관하지 않은 것으로 추정한다. 쯔빙글리는 '베른 토론'(Berne disputation)에서 자신은 요한계시록을 하나님의 말씀으로 받아들이지 않는다고 연설했다[5]. 그의 연설에서 요한계시록을 대하는 당시의 분위기를 충분히 읽을 수 있다. 손계문은 종교개혁자들이 역사주의 해석 방법을 취해서 요한계시록을 해석했다는 사실을 객관적으로 증명할 수 있는 자료나 문헌을 제시할 수 있다면 자신의 주장에 큰 설득력이 더해질 것으로 보인다.

손계문은 자신의 말대로 역사주의 해석 방법을 사용해서 요한계시록을 해석하고 설교한다. 그렇다면 역사주의 해석 방법이란 무엇인가? 그는 역사주의를 다음과 같이 소개한다. "요한계시록의 내용은 그리스도의 승천 때부터 재림하실 때까지, 이 기독교의 역사를 총망라합니다. …이 책은 골고다 언덕에 세워진 십자가로부터 시작해서 인류 역사의 마지막 국면인 재림 사이의 교회와 세상의 역사를 총망라합니다. …초기 로마의 핍박 때로부터 시작해서 중세 종교 암흑시대를 거쳐 근대 르네상스 혁명과 또 오늘날에 이르기까지

---

4) D. G Muller, Jr. Testing the apocalypse: The history of the Book of Revelation, (Bloomington: Westbow Press, 2015), 1324.

5) J. Roloff. The Revelation of John: A Continental Commentary, (Minneapolis: Fortress, 1993, 2.

기독교 역사 전체의 사건들을 다루고 있는 데요."

이는 역사주의에 대한 매우 정확한 설명이다. 역사주의는 요한계시록을 초림에서 재림 때까지 역사적 진행 상황을 연대기적으로 해석하는 방식이다. 즉 요한계시록의 모든 상징을 교회사의 특정 사건과 일치시킨 후 그것을 성취로 규정하는 방식이다. 요한계시록을 세계 교회사를 개관한 것으로 규정한다는 것이다. 쉽게 설명하면 요한계시록의 몇 장 몇 절은 교회사에서 어느 시대에 해당되며, 또 몇 장 몇 절은 미래의 어느 시대에 해당된다고 해석하는 방식이다.

손계문의 요한계시록 2-3장 설교에는 이러한 역사주의의 진수(?)가 녹아있다. 그는 2017년 11월 9일 '에베소-현대기독교의 참담한 현실과 처방'이란 제목의 설교에서 다음과 같이 말했다. "요한계시록은 미래에 일어날 일을 미리 보여주신 책이기 때문에 일곱 교회는 그 시대뿐 아니라 요한의 시대부터 세상 끝날 때까지 일어날, 각 시대 시대의 교회의 특성을 아주 예언적으로 보여주고 있습니다. … 에베소는 31년부터 100년까지, 그러니까 1세기의 초대교회를 대표하고요. 그리고 서머나는 100년부터 313년까지, 2,3세기의 박해받는 교회, 그리고 버가모는 313년부터 538년까지, 4,5세기의 타협하는 교회, 그리고 두아디라는 538년부터 1517년까지의 중세 교회, 그리고 사데 교회는 1798년까지 15세기에서 18세기에 이르는 종교개혁의 시대, 그리고 빌라델비아는 1844년까지 18세기 말과 19세기, 재림 운동과 세계 선교의 시대, 그리고 라오디게아는 마지막 때의 예언적 관점에서 초점을 맞추고 말씀해주고 있습니다."

그렇다. 이것이 역사주의의 진수이다. 하지만 과연 이러한 해석이 저자 요한의 의도와 일치할 수 있을까? 과연 요한계시록 2-3장에 등장하는 에베소 교회, 서머나 교회, 버가모 교회, 두아디라 교회, 사데 교회, 빌라델비아 교회, 라오디게아 교회가 1세기를 지나 19세기 혹은 20세기의 교회까지를 예언하고 예시하고 있을까? 과연 요한이 요한계시록을 통해서 이와 같은 사실을 가르치려는 의도를 가졌을까?

요한이 편지를 보낸 일곱 교회는 요한계시록의 수신자로서 추상적이고 관념적인 차원에서 존재하는 대상이 아니라 1세기의 여러 문제와 맞닥뜨린 1세기의 일곱 공동체였다. 그래서 요한은 일곱 교회의 구체적인 이름을 명시한다. 그리고 각 교회의 상황과 처지를 정확하게 묘사한다. 그리고 상황에 맞는 책망뿐 아니라 칭찬과 격려 그리고 회복과 상급에 대한 약속도 덧붙인다. 이 일곱 교회는 가상적 교회가 아니라 소아시아 땅에 발붙이고 살며, 온갖 유혹과 폭압에 맞서 싸우는 전투하는 교회, 실제적 교회였다.

요한은 이러한 2-3장을 통해 1세기의 일곱 교회에 대한 구체적인 정보를 전해준다. 과연 요한이 고대 교회를 넘어 중세의 암흑 교회를 지나 르네상스 시대의 교회를 지나 재림 직전의 현대교회의 출현 이야기까지를 이 일곱 교회에 전달할 의도를 가졌을지 의문이다. 과연 요한이 교회사 속에 등장하는 특별한 시대에 특별한 관심을 뒀다는 단서나 암시를 요한계시록에서 찾을 수 있는가? 이러한 요한계시록 2-3장이 기독교 역사를 총망라하고 있다는 주장은 매우 어색하고 억지스러워 보인다.

손계문의 주장은 세대주의의 패턴과 매우 흡사하다. 세대주의 등장에 가장 큰 공헌을 했던 스코필드는 자신의 주석(Scofield Reference Bible)에서 요한계시록 2-3장을 교회의 연대기적 역사를 보여주는 것으로 소개하며 도표까지 만들어 제시했다. 물론 이 도표와 손계문의 도표 사이에 연대적인 차이가 존재한다. 하지만 접근법에 있어서는 두 사람이 동일하다. 이와 같은 사실은 세대주의를 맹폭하고 있는 손계문과 모순된다.

손계문은 자기와 개신교 그리고 자기의 해석과 가톨릭의 해석을 선과 악으로 대비하는 악의적인 이분법을 사용하여 지구촌의 모든 개신교회를 호도하고 있다는 느낌을 지울 수가 없다. 그가 여기서 더 선을 넘지 않기만을 바란다.

2. 다음은 손계문의 주장을 요약 녹취한 내용이다.

저는 오늘 기독교에 도전합니다. 오늘날 기독교가 종말론이라고 붙들고 있는 그 가르침은 성경의 가르침이 아니라 그 반대로 성경의 진리를 올바로 깨닫지 못하도록 개신교회가 그 기능을 상실하도록 예수회가 개신교의 탈을 쓰고 개신교 신학 안에 들어와서 뿌려 놓은 가라지들이 상당수입니다. 물론 그 배후에는 사탄이 있습니다. ···오늘날 기독교가 성경의 진리와는 전혀 다른 해석을 하고 있는 것입니다. 여러분 이것은 한국만의 문제가 아니라 전 세계의 기독교의 동일한 문제입니다. ···사람들이 진리에 눈을 뜨자 이 가톨릭은 1543년 8월 15일 이그나시우스 로욜라가 개신교회를 박멸하기 위해 예수회를 창설했습니다. ···

예수회 신부 알카자와 리베라가 그 일을 주도했는데요. 이 알카자는 성경의 적그리스도 예언을 모두 과거의 것으로, 교황권이 로마에서 지배하기 전에 적그리스도 예언이 이미 성취되었으므로 교황권에게 적용할 수 없다는 과거주의 예언 해석을 고안해냈습니다. ···리베라는 개신교의 주장을 무마시키기 위해서 ···이 예언을 먼 미래의 것으로, 그러니까 프란시스 리베라는 미래주의 해석을 고안해 내죠. 그래서 적그리스도는 교황이라는 종교개혁자들의 성경 해석을 짓밟았습니다. ···종교개혁자들이 따랐던 예언 해석 방법은 무엇이었을까요? ···역사주의 해석입니다. 초대교회부터 마지막 시대에 이르기까지 기독교 역사 속에서 성취되었고 되고 있다고 믿는 것입니다. ···이 역사주의 해석법은 모든 종교개혁자들의 주장했던 예언 해석이었습니다. ···오늘날 개신교가 어떤 예언 해석 방법으로 요한계시록을 해석하고 있느냐는 그 말입니다. ···천주교회가 종교개혁을 무너뜨리기 위해서 고안한 미래주의 예언해석 방법을 개신교회가 따르고 있다는 사실입니다. ···그 결과 오늘날 거의 대부분의 개신교회가 앵무새처럼 똑같이 미래주의 예언 해석을 종알거리고 있게 되었습니다(손계문, 2017년 4월 21일 설교, "가짜 해석에 점령당한 기독교를 구원하라." https://www .youtube. com).

요한계시록의 내용은 그리스도의 승천 때부터 재림하실 때까지, 이 기독교의 역사를 총망라합니다. …이 책은 골고다 언덕에 세워진 십자가로부터 시작해서 인류 역사의 마지막 국면인 재림 사이의 이 교회와 이 세상의 역사를 총망라합니다. 특별히 마지막 종말의 때에 초점을 맞추고 있는데, 그러기 때문에 요한계시록은 그때 당시의 그리스도인들에게 보낸 편지였지만 여전히 오늘날 우리에게 호소하고 말하고 외치고 있는 책입니다. …초기 로마의 핍박 때로부터 시작해서 중세 종교 암흑시대를 거처 근대 르네상스 혁명과 또 오늘날에 이르기까지 기독교 역사 전체의 사건들을 다루고 있는데요(손계문, 2017년 4월 21일 설교, "한눈에 보는 요한계시록과 밧모섬 탐방" https://www.youtube. com).

2장

◆

'개신교의 배후가 사탄!'이라는
노골적 이분법

2장

'개신교의 배후가 사탄!'이라는 노골적 이분법

1. 손계문에 대한 비평

손계문의 '요한계시록 4장, 하나님의 보좌, 네 생물과 24장로'(2018년 4월 21일)라는 제목의 영상을 요약하면 다음과 같다.

1) 손계문의 주장 요약

* 요한계시록 4-5장은 승천하신 예수의 하늘 성소 사역을 배경으로 한다.
* 보좌 주변의 네 생물은 케루빔(천사)이며 루시퍼도 한때 케루빔 중 하나였다.
* 루시퍼가 타락하여 지위를 잃었을 때 가브리엘 천사가 그 자리를 대신했다.
* 보좌 주변의 이십사 장로는 예수님의 부활 때 무덤에서 함께 부활했

던 사람들이다.

2) 손계문의 주장 비판

'개신교의 배후는 사탄', '종교개혁의 후예'는 자기라는 노골적인 이분법을 앞세우고 있는 손계문은 요한계시록 4-5장에 대한 자신의 해설 또한 종교개혁자들의 그것과 동일한 것인 양 태연히 이어 나간다.

그는 요한계시록 4-5장의 해설에 앞서, 서론 격으로 이 본문의 배경이 승천한 예수의 성소 사역이라고 말한다. 10장까지는 예수님의 성소 사역, 11장부터는 예수님의 지성소 사역이라는 구분을 한다. 이를 몇 번 읽어도 도대체 무슨 말인지 도무지 '감'이 오지 않는다. 그는 "한눈에 보는 요한계시록과 밧모섬 탐방"이라는 제목의 설교에서 요한계시록을 예수의 승천 후부터 종말 사이에 일어나는 기독교 역사를 총망라한 책이라고 소개한 바 있다. 그렇다면 예수의 성소 사역이니 지성소 사역이니 라는 말은 승천 후 하늘의 성소 혹은 지성소라고 일컬어지는 공간에서 행해지는 예수의 사역을 말하는 것으로 보인다. 어쨌거나 그의 요한계시록 담론을 계속 경청해 나가는 중에 이 말의 의도가 무엇인지 자연스럽게 파악할 수 있을 것이기에 이에 대한 논평은 차후에 다루기로 한다.

손계문은 요한이 본 하늘 보좌 주변에 있는 네 생물(4:6)을 그룹 천사로 이해한다. 크게 틀리지 않는 해설이다. 이 네 생물(ζῷα)은 에스겔 1:5에서 천사를 의미하는 '생물'과 동일한 단어이다. 칠십인역에서 이 생물을 동일하게 '조아'($\zeta\tilde{\omega}\alpha$) 즉 천사로 번역한다. 이사야 6:2의 여섯 날개를 가진 천사와도 똑같은 모습을 하고 있으므로 천사로 봐도 큰 무리가 없다. 이 네 생물의 주요 임무는 이십사 장로와 함께 보좌 앞에서 찬양하는 일(4:8; 5:8-10, 14; 19:4), 인봉된 책을 뗄 때마다 명령 내리는 일(6:1, 3, 5, 7), 재앙을 담은 일곱 대접을 천사에게 전달하는 일 등이다(15:7). 이러한 점에서 볼 때 그들은 하늘에 존재하는 실체를 가리킨다고 해석하는 것은 정당하다.

그런데 손계문은 여기에서 문맥에 전혀 어울리지 않는 주장을 하나 덧붙인다. 그의 말을 직접 들어보자. "하나님 가까이 있는 네 생물이 바로 그룹, 천사인데요, 여러분, 바로 사탄이 된 루시퍼도 한때는 네 생물 중 하나인 그룹 천사인 케루빔이었다는 사실을 아십니까?"

즉 루시퍼가 타락하기 전에 이 네 생물 중 하나였다는 것이다. 더나아가 에스겔 28:14-17을 루시퍼에 대한 정보라고 하며, 이 정보가 네 생물 중 하나가 루시퍼였다는 사실을 증명한다고 주장한다. 과연 그러할까?

하지만 에스겔서 28:14-17의 주연은 루시퍼가 아닌 두로 왕이다. 에스겔서 28장은 유다왕국을 둘러싼 이방 열국들에게 임할 심판이 예언된 일련의 기사(25-32장) 가운데 유다의 북쪽에 위치한 두로와 시돈에 대한 심판 기사이다. 두로에 대해서는 암몬, 모압, 에돔, 블레셋 다음 28:1-9에서 묘사되어 있다. 2절에서 "인자야 너는 두로 왕에게 이르기를…"라고 하며 이 심판의 대상이 두로 왕임을 분명히 한다. 14절의 "너는 기름 부음을 받고 덮는 그룹임이여"에서 '너' 역시 두로 왕을 가리킨다. '그룹'은 두로 왕의 존귀성에 대한 비유적 표현이다. 하지만 그룹처럼 고귀한 지위에 있던 두로 왕의 죄악이 마침내 드러나게 되었고 그는 결국 하나님에 의해 땅에 내 던져진다(15-18절). 손계문이 이 본문을 타락한 천사 이야기로 해석하는 것은 충격적이다.

루시퍼는 성경에 실재하는 존재가 아니다. 루시퍼는「벌게이트」 (Vulgate)가 이사야 14:12의 계명성을 루시퍼로 오역한 것이 기원이 되었고「흠정역」(KJV)이 이 번역을 따르면서 확산된 존재이다. 손계문은 요한계시록의 네 생물과 에스겔서의 덮는 그룹을 교묘히 연결하여 '루시퍼'라는 존재를 전면에 내세우려 하지만 이 시도는 금방 억지임이 드러나게 된다.

손계문은 더 나아가 루시퍼의 후속 이야기까지 등장시킨다. 루시퍼가 쫓겨난 후 그 자리를 가브리엘이 대신했다고 말한 것이 그것이다. 소위 '가브리엘 대체설'이다. 물론 손계문은 성경에는 가브리엘이 루시퍼의 자리를 대신했다고 말한 부분은 없고 단지 자신의 생각이라고만 말한다. 이는 자기에 대한 시청자들의 기대심리를 충족시키면서, 동시에 발뺌할 수 있는 출구까지 마련해 놓은 지능적인 화술로 보인다. 가브리엘 대체설에 대한 언급은 자신의 '통찰력'을 과시하려는 의도로 보인다. 아마 이 가브리엘 이야기가 일반 설교 자와 자기를 차별화할 수 있는 임팩트 있는 소재라고 생각하는 것 같다. 하지만 성경적 근거는 전혀 없다. 성경을 가르치는 교사는 성 경이 명확히 지시하지 않는 것을 성경인양 가르쳐서는 안 되며, 명 확하지 않은 연관성을 바탕으로 자기 입장을 고수해서도 안 된다.

손계문은 하늘 보좌 주변에 있는 이십사 장로(4:4)를 마태복음 27:52-53의 사람들이 부활하여 하늘로 승천한 사람들이라고 주장 한다. 마태복음의 이들은 예수님이 십자가에서 운명할 때 무덤에서 살아나온 자들이다. 예수님보다 먼저 부활한 이들이 삼일 뒤에 부 활한 예수와 함께 지상에서 40일을 거하다가 예수와 더불어 하늘로 승천하였는데 이들이 요한계시록의 이십사 장로라는 것이다.

손계문은 "이런 엄청난 말씀이 성경에서 있다는 사실을 아셨습 니까? …주님께서 승천하셨을 때 그때 부활한 증인들을 하늘로 데 려가셨습니다. 그 내용이 성경에 있는가? 있습니다." 라고 하며 에 베소서 4:8을 제시한다.

손계문은 바울도 예수께서 승천할 때 무덤에서 살아나온 이들을 데리고 올라갔다는 사실을 알고 에베소교회에 보내는 편지에 가운 데 이 사실을 적시해 놓았다는 것이다. 과연 바울이 그러한 사실을 가르쳤을까?

에베소서 4:7-16을 살펴보자. 본문은 은사의 다양성에 관해서 말한다. 7-10절은 여러 가지 은사를 주신 그리스도에 대해서, 11절은 은사의 풍성함에 대해서, 12-16절은 은사의 목적과 목표에 대해서 말한다. 손계문이 증거로 내세우는 8절은 은사를 주시는 그리스도를 말하고 있다. "그가 위로 올라가실 때에 사로잡혔던 자들을 사로잡으시고 사람들에게 선물을 주셨다 하였도다."는 문장은 여호와께서 전쟁에서 승리하고 돌아오시는 길에 시온으로 올라가셨고 거기서 사람들에게 은혜의 선물을 나누어주셨다는 시편 68:18을 인용한 문장이다. 바울은 시편의 이 문장에서 올라가시는 분은 하나님이 아닌 예수님으로, 올라가는 장소는 시온이 아닌 하늘로 바꾸어 묘사한다. 바울은 예수님은 악의 모든 권세와 능력을 무력화시키시고 승천하신 후 지상의 자기 사람들에게 은사를 나누어주시는 분이라고 소개한다.

손계문은 이런 의미를 가진 에베소서 4:8을 왜곡한다. "그가 위로 올라가실 때에 사로잡혔던 자들을 사로잡으시고"라는 문장의 전후 문맥은 삭제하고 예수께서 하늘로 올라가실 때 무덤에서 나온 사람들을 함께 데리고 올라갔다는 의미로 조작하고 있는 것이다. "사로잡혔던 자들"은 그리스도의 원수인 사탄, 죽음, 죄 등을 가리킨다.[1] 예수님은 십자가에서 원수들에게 결정적 타격을 입히신 후 즉 원수들을 사로잡은 후 하늘로 올라가셨다. 사로잡혔던 자들은 예수 부

---

1) 박창건, 『에베소서』,(서울: 대한기독교서회, 1994), 950.

활 시에 무덤을 열고 나온 사람들이 아니다.

손계문은 전혀 상관없는 에베소서 4:8의 사로잡혔던 자들을 끌어와 마태복음 27:52-53의 무덤에서 살아나온 자들과 요한계시록 4:4의 이십사 장로를 동일시하기 위한 연결 고리로 활용한다. 황당한 연결 고리에 황당한 결론이다. 연결 고리는 항상 성서적으로, 신학적으로, 역사적으로, 문학적으로, 문화적으로 타당해야 한다.

손계문에게는 이것이 없다.

그렇다면 이 이십사 장로는 구체적으로 누구일까? 사실 이것은 요한계시록을 해석하는데 가장 논란이 되는 주제 가운데 하나이다. 대체로 이십사 장로는 구약의 열두 족장과 신약의 열두 사도를 합친 신구약 시대를 망라한 이상적 교회의 대표자들(계 21:12-14)로 보는 견해, 아론의 반차를 따른 이십사 반열의 제사장들(대상 24:1-19)로 보는 견해, 전체로서의 교회라고 보는 견해 등등이 유력하다. 하지만 성경은 이십사 장로의 정체에 대해 함구하고 있기에 어느 하나의 견해를 옹호할 수 없다.

이쯤에서 확인해야 할 것이 하나 있다. 그것은 보좌를 둘러싼 네 생물과 이십사 장로의 정체를 규명하는 것이 과연 올바른 일인가에 관한 것이다. 그것이 과연 저자의 의도에 부합하는 가에 관한 문제이다. 과연 그들의 정체가 중요한가? 그들의 행동이 중요한가? 그들은 보좌에 앉으신 분을 향하여 영광과 존귀와 감사를 드린다. 끊임없이 '거룩하다, 거룩하다, 거룩하다' 외치며 보좌에 앉으신 분에게 영광과 존귀와 감사를 드린다(4:8-11).

　요한은 이 장면을 기록하며 온 우주와 모든 피조물들의 찬양을 받으실 수 있는 유일한 존재는 로마 황제가 아닌 우주를 통치하시는 하나님임을 보여준다. 로마로부터 황제 숭배를 강요당하고 있는 1세기의 교회들은 이 편지를 읽고 누구에게 경배하는 것이 합당한지 결정하게 된다. 네 생물과 이십사 장로의 실체를 밝히려는 노력은 저자가 의도하는 바가 아니다. 저자는 그들이 왜 거기에 있었는가에 주목한다.

　손계문은 이십사 장로에 대해 설교하면서 황당한 진술 하나를 더한다. 그의 말을 직접 확인해보자. "사람이 죽으면 그 영혼이 부활해서 어디론가, 천국을 간다든지, 지옥을 간다든지 하는 것은 헬레니즘이지, 그런 것이 교회 안에 들어왔기 때문에, 로마 가톨릭에 들어와서 교리로 형성되었는데요. …사람이 죽으면 천국이나 지옥에 가는 것이 아니고, 무덤 속에 잠자는 상태로 있다가 예수께서 재림하실 때 부활하는 것입니다. 그게 성경의 가르침입니다. …따라서 영혼이 죽지 않고 불멸해서 천국이나 지옥에 간다는 것은 성경의 부활 신학을 무참히 짓밟는 그런 것입니다. …저 손 목사 천국과 지옥을 부인하는 이단이다 그러지 마시고…"

　손계문은 인간의 죽음은 영혼과 육체의 분리이며 구원받은 자의 영혼은 천국으로, 불신자의 영혼은 지옥으로 분리된다는 개신교의 내세관을 정면으로 부정한다. 이는 여호와의 증인이나 제칠일안식일예수재림교회 속칭 안식교의 내세관과 동일하다.

안식교는 인간의 몸과 영혼은 분리되어 있는 두 부분이 아닌 합체되어 있는 한 부분으로 본다. 몸이 죽으면 영혼도 죽는 육신과 같은 운명에 처함으로 사후 육신과 영혼이 분리되는 일이 없다는 것이다. 말하자면 사후 몸을 떠난 영혼이 천국이나 지옥으로 가는 일이 없다는 것이다. 특히 지옥은 아예 없다고 가르친다. 안식교는 죽음은 '잠'이며 죽은 상태를 '잠자는 상태'로 설명한다. 이 잠은 부활 때까지 무의식 상태로 지속되는 잠이다. 안식교 출신답게 손계문도 안식교의 교리를 정확하게 설명하고 있다. 과연 이 영혼수면설이 성경적 근거를 가지는 것일까?

성경은 죽음을 '잠'으로 표현하기도 한다(왕상 2:10; 11:43; 시 13:3; 렘 51:39; 단 12:2; 마 9:24; 27:52; 막 5:39; 요 11:11-14; 행 7:60; 고전 15:51; 살전 4:13-17; 벧후 3:4 참고). 왜냐하면 잠과 죽음이 여러 면에서 유사하기 때문이다. 잠과 죽음은 휴식을 얻는다는 점에서 유사하다. 잠을 통해서 휴식을 얻는 것처럼, 죽음을 통해 곤고한 삶을 마치고 안식을 얻게 된다. 잠과 죽음은 다시 깨어난다는 점에서 비슷하다. 잠을 잔 후 깨어나는 것처럼 죽은 육체는 재림시에 다시 일어난다. 죽음을 잠으로 표현한 것은 육신의 죽음에 대한 상징적 묘사일 뿐 육과 영이 모두 죽는 죽음을 의미하지 않는다.

손계문은 '잠'이라는 표현을 크게 부각하며, 그것이 마치 개신교의 큰 실책을 알려주는 결정적 단서인 양 강조하지만 성경의 잠과 안식교의 잠은 한참 거리가 멀다. 안식교는 자신의 교리를 공고히 하기 위해 죽음을 잠으로 표현한 성경 구절들을 의도적으로 왜곡하고 있다. 안식교와 어떤 연결 고리가 있는지 모르지만 손계문의 죽음에 대한 이해는 성경적인 타당성을 얻을 수 없다.

성경은 사후에 몸과 영혼이 분리된다는 사실을 다양하게 증언한다. 예수님은 아브라함의 품에 있는 나사로를 언급하셨고(눅 16:22), 자기 옆의 강도에게 낙원에서 만날 것을 약속하셨고(눅 23:43), 자신의 영혼도 아버지에게 부탁하셨고(눅 23:46), 스데반도 죽음의 순간에 자기의 영혼을 받아달라고 간청했다(행 7:59). 육신과 영혼의 분리가 없다면 "육신은 멸하고 영은 주 예수의 날에 구원을 받게 하려 함이라"(고전 5:5)는 말씀은 무엇이며, "우리가 담대하여 원하는 바는 차라리 몸을 떠나 주와 함께 있는 그것이라"(고후 5:8)는 표현은 무엇이며, "그가 낙원으로 이끌려 가서 말로 표현할 수 없는 말을 들었으니"(고후 12:4)라는 바울의 체험은 무엇이며, "우리의 장막 집이 무너지면 하나님께서 지으신 집 곧 손으로 지은 것이 아니요 하늘에 있는 영원한 집이 우리에게 있는 줄 아느니라"(고후 5:1)는 말씀은 무엇이며, "하나님의 말씀과 그들이 가진 증거로 말미암아 죽임을 당한 영혼들이 제단 아래에 있어 큰 소리로 불러 이르되"(계 6:9-10)라는 요한의 증언은 무엇인가? 성경은 사후에 몸과 영혼이 분리된다는 사실을 다양하게 증언한다.

따라서 몸이 죽으면 영혼도 죽기에 육신과 영혼이 분리되는 일이 없다고 가르치는 제칠일안식일예수재림교회의 교리와 손계문의 설교는 수용할 수 없다. 자의적이고 주관적인 해석이 바탕이 된 그의 요한계시록 4장 설교도 마찬가지이다.

2. 다음은 손계문의 주장을 요약 녹취한 내용이다.

계시록 4장과 5장의 배경은 성소 첫째 칸의 사역입니다. …그 사역이 계시록 11장까지 일곱인 일곱 나팔을 통해서 계속적으로 진행되다가 그 사역이 계시록 11장에서 지성소 사역으로 옮겨지는 것이지 예수님이 어느 한 공간에 갇혀 있다는 얘기가 아닙니다. …여러분 하나님의 보좌를 혹시 보신 적이 있습니까? …하나님 가까이 있는 네 생물이 바로 그룹, 천사인데요, 여러분 바로 사탄이 된 루시퍼도 한때는 네 생물 중 하나인 그룹 천사인 케루빔이었다는 사실을 아십니까? 에스겔 28장을 한번 보도록 하겠습니다. …여러분 사탄이 타락하지 않았다면 지금 사탄의 위치가 어디예요? 바로 이 네 생물 중 하나인 케루빔의 그 위치에 있었다는 말입니다. …

케루빔 중 하나였던 루시퍼가 쫓겨나자 그 자리를 누가 대신했는가? …물론 성경에 직접적으로 루시퍼, 케루빔의 자리를 가브리엘이 대신했다 그렇게 말한 부분은 없습니다. …이런 성경 구절들을 볼 때 가브리엘 천사가 루시퍼를 대신해서 이 케루빔, 네 생물 중에 하나가 되었을 거라고 유추해 볼 수 있습니다. …저는 그냥 그렇게 생각한다 그 말입니다. …

자 이제 하나님의 보좌를 두르고 있는 이십사 장로에 대해서 볼 건데요. 계시록 4장 4절입니다. ⋯이십사 장로들이 누구일까에 대해서 몇 가지 의견들이 있는데요. 첫 번째는 그리스도께서 십자가에서 죽으시고 부활하셨을 때 그리고 승천하실 때, 정말 승천의 기념으로 데리고 간 몇 명의, 특별한 부활한 성도들이라는 이해가 있고요. ⋯재림하기 전에 부활한 사람들이 있었어요. ⋯엘리사가 살린 사르밧 과부의 아들이 있죠. ⋯또 나사로도 예수님께서 살리셨고 나인성 과부의 아들도 예수님께서 살리셨고요. ⋯이 사람들 다 부활했어요. ⋯이 사람들 부활해서 승천했습니까? 다시 죽었죠. ⋯그런데 계시록 4장을 보니까 이십사 장로가 어디에 있어요? 하늘에 있다. ⋯부활해서 천국을 간 사람이 있다는 얘기네요. 부활해서 천국을 간 사람이 있습니까? 있습니다. 성경에 나옵니까? 나옵니다. ⋯우리 여기 성경 말씀을 볼까요(마 27:50-53)⋯

예수께서 십자가에 달려 돌아가실 때⋯무덤이 열리면서 ⋯자던 성도들의 몸이 많이 일어났어요. 부활했죠. 그리고 53절 예수의 부활 후에 저희가 무덤에서 나와서 거룩한 성, 예루살렘 성에 들어가서 많은 사람들에게 보였다네요. 이런 엄청난 말씀이 성경에 있다는 사실을 아셨습니까? ⋯주님께서 승천하셨을 때 그때 부활한 증인들을 하늘로 데려가셨습니다. 그 내용이 성경에 있는가? 있습니다. ⋯에베소서 4장 8절. 자, 바로 이 말씀이 예수님이 승천하셨을 때 그리스도와 함께 승천한 사람들이 누구냐? 이십사 장로들입니다(손계문, 2018년 4월 21일 설교, "요한계시록 강해 12부" https://www .youtube. com).

3장

◆

말 색깔에 집착하는 여섯인 심판 해석

3장

말 색깔에 집착하는 여섯인 심판 해석

1. 손계문에 대한 비평

1) 손계문의 주장 요약

손계문의 유튜브 채널 '성서연구원'에 올린 '요한계시록 강해 14부: 요한계시록 6장, 네 말을 탄 자와 일곱 인(印)의 비밀'(2018년 6월 16일)을 요약하면 다음과 같다.

* 요한계시록의 일곱 인은 세계 교회사에서 나타난 일곱 교회 시대를 나타낸다.
* 콘스탄틴이 세계 단일 종교로 로마의 이교 교리를 혼합시켜서 기독교를 창설했다.
* 콘스탄틴이 이교의 크리스마스와 부활절을 가져왔고, 안식일을 주일로 바꾸었다.

2) 손계문의 주장 비판

손계문은 요한계시록 6장에 등장하는 여섯 인을 예수께서 승천하신 AD 31년부터 재림하실 때까지의 전 기독교 시대에 나타낸다는 일곱 교회의 유형에 대한 묘사라고 주장한다.

첫째 인은 1세기의 사도 시대 교회, 둘째 인은 2-3세기의 박해 시대의 교회, 셋째 인은 4-5세기의 세속 시대의 교회, 넷째 인은 6-14세기의 중세 시대의 교회, 다섯째 인은 15-18세기의 종교개혁 시대의 교회, 여섯째 인은 19세기의 개신교 시대와 재림 직전의 현대 교회를 나타낸다고 한다.

손계문은 첫째 인을 뗄 때 나타났던 흰 말의 흰색은 사도들의 순결함을 나타낸다고 하며 사도 시대의 교회에 적용한다. 이런 식으로 하여 둘째 인을 뗄 때 나타났던 말의 붉은색은 피를 나타낸다 하며 박해 시대의 교회, 셋째 인을 뗄 때 나타났던 말의 검은색은 타락과 어둠을 상징한다며 세속 시대의 교회, 넷째 인을 뗄 때 나타났던 말의 청황색은 시체 색깔이므로 이를 타락한 중세 시대의 교회에 대입한다.

손계문은 다섯째 인을 뗄 때 나타났던 순교자들의 호소를 종교개혁 시대에도 일어났던 핍박과 연관 지으며 이를 종교개혁 시대에 적용한다. 여섯째 인을 뗄 때 나타났던 징조들은 개신교가 부흥했던 19세기에 이미 일부가 성취되었다고 하며 이는 19세기 개신교회를 나타내며, 아직 성취되지 않은 남은 징조들은 재림 전에 성취될 것이기 때문에 재림 직전의 현대 교회를 나타낸다고 한다. 말하자면 여섯째 인은 두 개의 교회 시대, 즉 19세기의 개신교회와 현대 교회를 모두 보여준다는 것이다. 과연 이러한 손계문의 주장과 요한계시록의 증언이 어느 정도 일치된 공감대를 이룰 수 있을까? 과연 세계 교회사에 등장했던 여러 유형의 교회들이 일곱 인과 동일시될 수 있는 대상일까?

요한계시록 5:1에서 어린 양이신 예수님이 취한 책은 일곱 인으로 봉해져 있었고, 6장에서는 이 인을 하나씩 뗄 때마다 심판의 현상이 발생한다.

첫째 인을 뗄 때 나타난 흰말 탄 기수는 활을 가지고 면류관을 받고서 이기고 이기려 하는 모습을 하고 있다(1-2절) 이 장면에서 기수는 전쟁을 치르고 있는 호전적인 정복자의 이미지를 보여준다. 활(τόξον)은 전쟁을 수행하는 데 필요한 공격용 무기이다. 첫째 인 환상은 전쟁을 통해서 하나님의 심판이 임하는 것을 묘사한다. 흰색의 상징이 순결함이기 때문에 이 장면이 순결한 사도 시대 교회를 나타낸다는 손계문의 주장은 문맥과 단어의 용례에 전혀 어울리지 않는 주장이다.

둘째 인을 뗄 때 나타난 붉은 말 탄 기수는 칼을 들고 서로 죽이려 하는 모습을 하고 있다(3-4절). 여기서 "죽이게"로 번역된 스팍

수신(σφάξουσιν)은 살육하다. 도륙하다는 의미를 가진다. 여기서 칼(μάχαιρα)은 전쟁 용 장검을 가리킨다. 둘째 인 환상은 하나님이 인류가 서로 싸우는 전쟁을 마지막 때의 심판의 도구로 허락하심을 나타낸다. 붉은 색이 피를 상징함으로 이 장면이 순교 시대의 피 흘리는 교회를 의미한다는 손계문의 주장은 저자의 의도와 무관하다.

셋째 인을 뗄 때 나타난 검은 말 탄 기수는 손에 저울을 가졌다. 그리고 "한 데나리온에 밀 한 되요 한 데나리온에 보리 석 되로다 또 감람유와 포도주는 해치지 말라"는 하늘의 음성이 들린다(5-6절). 노동자의 하루 치 임금으로 밀 한 되와 보리 석 되 밖에 살 수 없다는 선언은 종말의 때에 물가 폭등으로 얼마나 고통 받는 시대가 될지를 가르쳐 준다. 검은 색이 타락과 어두움을 의미하며, 저울은 영적 기근과 연관 되어있다고 하며 이 장면은 콘스탄틴이 기독교를 승인한 때부터 로마 교황청이 성립된 AD 538년까지의 세속교회 시대를 나타낸다는 손계문의 주장은 성경적 근거가 전혀 없다.

넷째 인을 뗄 때 나타난 청황색 말 탄 기수의 이름은 사망인데 이 자가 검과 흉년과 사망과 땅의 짐승들을 가지고 사람 사분의 일을 죽일 권한을 받는다(7-8절). 이 기사가 살해 도구인 전쟁과 기근과 질병과 짐승을 한꺼번에 받는 이 장면은 앞의 세 개의 심판보다 훨씬 강도 높은, 구체화한 종말적 심판의 정황을 보여준다. 청황색이 시체 색깔이므로 넷째 인은 AD 538부터 16세기 종교개혁자들이 일어나 개신교를 일으킬 때까지의 암흑 시대의 중세 교회를 나타낸다는 손계문의 주장은 매우 인위적이고 작위적이다.

손계문은 네 가지 인 장면 해석에서 과도할 정도로 말의 색깔에 집착한다. 그는 본문의 배경과 문맥과 단어의 용례는 고려하지 않고 말의 색깔에 대한 단편적인 의미를 부여하고 이 의미를 해석의 중심으로 놓고 자기주장에 꿰맞추어 나간다. 또한 문장 가운데 자기에게 유리한 단어가 발견되면 곧바로 의미화하여 자기주장을 뒷받침하는 재료로 활용한다. 성경 해석을 할 때 단어 해석은 필수이지만 그 단어의 의미도 문맥이 결정한다는 사실을 간과한다. 손계문은 성경 해석의 기본 원칙을 준수하지 않는다.

다섯째 인을 뗄 때 제단 아래 순교자들이 자기들이 흘린 피의 원한을 갚아달라는 기도 소리가 들리고 또한 동무 종들과 형제들의 수가 차야 한다는 하늘의 음성도 들린다(9-11절). 이 음성은 이 순교자들의 기도대로 하나님의 심판이 이루어지고 하나님 나라가 완성되기까지 그들처럼 고난받는 자들이 필연적으로 생겨날 수밖에 없음을 나타낸다. 이것이 죽임을 당하는 사람들의 수가 차야 함을 언급하는 이유이다. 손계문은 이러한 다섯째 인 장면을 종교개혁이 일어났는데도 예수님의 재림이 오지 않는 것에 대한 성도들의 안타까움을 표현하고 있다며 이 장면을 종교개혁 시대를 나타낸다고 단정한다. 문맥과 전혀 어울리지 않는 말장난 수준이다.

여섯째 인을 뗄 때 해가 검어지고, 달은 핏빛으로 변하고, 별들이 땅에 떨어지고, 하늘은 두루마리처럼 말리고, 산과 섬들이 이동하고, 땅의 모든 부류의 사람들이 겁에 질려 굴과 산과 바위틈에 숨는 장면이 나타난다(12-17절). 해, 달, 별에 이러한 심각한 문제가 발생한다는 것은 종말의 심판이 우주적이라는 사실을 보여준다. 이 심판의 대상은 15절에 언급된 '땅'에 속한 모든 자들이다. 이들은 하나님과 어린 양의 심판에 대해 돌이키지 못하고 그 낯을 피해 일시적으로 도피만 한다. 이들이 숨은 굴과 산과 바위 등은 이 심판을 당하는 자들이 갖는 공포심을 이미지화하기 위한 소재들이다. 이 도피자들은 이날을 "진노의 큰 날"(17절)로 부른다. 즉 이날은 두렵고 공포스러운 하나님의 심판의 날이라는 것이다. 손계문은 이러한 본문의 진술은 외면한 채 여기에서도 여섯째 인을 교회사 시대에 등장했던 19세기의 개신교회와 오늘날의 현대 교회와 연결한다. 자신의 오류투성이 견해를 관철하기 위해 성경을 왜곡하고 조작하는 전형적인 모습이다. 그의 비성경적인 주장은 여기에서 그치지 않는다.

손계문은 콘스탄틴이 로마의 이교 교리를 혼합시켜 기독교를 창설했다고 주장하며 이를 세계 단일 종교를 만들기 위한 포석이었다고 설명한다. 과연 이러한 주장이 객관적 근거를 가지고 있는 것일까?

콘스탄틴은 AD 313년 밀라노 칙령을 발표하여 교회에 대한 박해를 끝내고 기독교를 정식 종교로 공인했고, AD 325년 제1차 니케아 공의회를 소집하여 이 회의에 참석했다. 이것이 기독교 역사에서 중요한 전환점이 된 것은 사실이다. 그렇다면 과연 콘스탄틴의 이러한 치적들이 기독교를 세계 단일 종교로 만들기 위한 기획이었을까?

　로마 황제들에게는 종교와 정치는 불가분의 관계에 있었고, 종교는 매우 효과적인 정치의 한 도구였으며, 기독교에 대한 정책 역시 모두 정치적인 통치 행위의 일부였다. 콘스탄틴도 로마 제국을 통일하기 위해 기독교를 이용하려 했지만 당시의 교회 내부에는 많은 교리의 대립이 있어서 수습이 곤란하였다. 콘스탄틴은 이러한 목적으로 니케아 회의를 소집했다. 신학적인 본질을 바로 잡으려는 시도가 아닌 로마 제국의 안정을 도모하기 위한 수단이었다. 즉 공의회를 정치적인 수단으로 이용한 것이었다.[1] 과연 이러한 콘스탄틴이 기독교를 세계 단일 종교로 만들 의도를 가졌겠는가? 지나친 상상이나 비약이 아닐까?

　손계문은 콘스탄틴이 기독교를 세계 단일 종교로 만들 목적으로 이교의 풍습이었던 부활절과 크리스마스를 끌어들여 접목했다고 주장한다. 만약 그가 기독교에 이교적 풍습을 이식시킨 장본인이라 하더라도 그것이 과연 기독교의 세계 종교 단일화와 무슨 상관이 있을까?

---

1) Ralph E. Woodraw, 『로마 카톨릭의 어제와 오늘』, 김덕균 역, (서울: 문서선교회, 1994), 76.

동방교회와 서방교회 사이에 부활절 날짜에 대한 논쟁은 2-3세기부터 있었다. 하지만 니산월 14일을 부활절로 지키는 동방교회와 니산월 14일 만월이 지난 후 첫 번째 일요일을 부활절로 지키는 서방교회의 논쟁은 니케아 공의회가 서방교회의 손을 들어주면서 일단락되었다. 과연 콘스탄틴이 소집한 니케아 공의회의 이 결정이 기독교를 세계 단일 종교로 만들기 위한 전략이었을까? 콘스탄틴 훨씬 이전부터 동방교회와 서방교회는 각각 부활절을 지키고 있었다. 콘스탄틴이 이교의 풍습인 부활절을 기독교에 끌어드렸다는 손계문의 주장은 허구다. 부활절 날짜 및 삼위일체를 논의하기 위해 콘스탄틴이 소집한 니케아 공의회가 기독교의 세계 단일 화와 관련되어 있을 가능성은 없다. 왜냐하면 니케아 공의회의 결정들로 '기독교의 세계화'는 고사하고 동방교회와 서방교회가 분열했다. 이것이 기독교 최초의 분열이었다.

　　손계문에게 묻는다. 과연 기독교가 지키고 있는 부활절이 이교의 산물인가? 물론 부활절의 영어 명칭 이스터(Easter)는 고대 북유럽의 여신의 이름이다. 그러나 그들은 이교를 버리고 기독교를 국교로 정하면서 이 여신을 위한 축제일을 기독교의 부활절로 바꾸었다. 이것이 유래가 되어 지금도 영어권에서는 부활절을 이스터 데이(Easter Day)로 부른다. 그렇다면 영어권 크리스천들이 오늘날의 부활절 즉 이스터 데이를 지키면서 북유럽의 여신을 마음에 새기고 있을까? 과연 이스터라는 명칭이 기독교의 이교화를 의미하는가? 오히려 한국 교회는 이날을 '부활절'이라 정확하게 부르며 부활하신 예수님을 기린다. 손계문은 굳이 왈가왈부할 필요가 없는 이스터라는 용어를 들추어내어 이를 기독교의 세계 단일 종교화라는 프레임을 뒤집어씌우기 위한 소재로 활용한다. 그리고 콘스탄틴이 이교의 관습, 부활절을 수용했다며 기독교의 역사성을 부정한다.

또한 손계문이 콘스탄틴이 기독교를 세계 단일 종교로 만들기 위해 이교의 교리 크리스마스를 끌어들여 접목했다는 주장을 어떻게 받아들여야 할까? 물론 예수님의 탄생일을 알 수 없는 것이 사실이며, 12월 25일이 로마의 동지제 축제일(태양신 미트라)과 관련되어 있다는 사실도 이미 상식이다. 콘스탄틴이 예수의 탄생일을 이 축제일로 대체한 것은 사실이지만 이것이 기독교의 세계 단일 종교화와 무슨 연관이 있을까? 과연 크리스마스가 기독교의 이교화를 의미하는가?

손계문에게 묻는다. 과연 12월 25일에 예배하는 것이 태양신을 숭배하는 행위인가? 4월 초파일에 예배한다고 부처를 숭배하는 것이 아니며, 단군 탄신일에 기도한다고 해서 단군에게 기도하는 것이 아니며, 공자 탄신일에 찬송가를 부른다고 해서 공자를 경배하는 것이 아니듯 12월 25일에 예배한다고 해서 태양신을 숭배하는 것이 아니다. 크리스마스 날짜가 과거에 무엇이었느냐가 중요한 것이 아니라 이날에 누구를 경배하느냐가 중요하다. 크리스마스는 예수님의 생일은 아니지만 그 탄생을 경축하는 것은 계속 지켜나가야 한다. 예수님의 탄생일을 정확히 알 수는 없지만, 어떤 한 날을 정해서 성탄을 기념하는 것은 매우 의미가 있다. 기독교는 12월 25일을 예수 탄생일로 정한 것이 아니다. 기독교는 12월 25일을 예수 탄생을 기념하는 날로 정하고 있다.

손계문은 이교의 관습과 연관된 12월 25일 소재를 끌어들여 이를 곧바로 기독교를 세계 단일 종교로 만들려는 콘스탄틴의 야심으로 간주한다. 그리고 크리스마스라는 이교를 받아들인 기독교를 혐오의 대상으로 부각한다. 손계문의 의도는 질이 매우 좋지 않다.

안식교 출신의 손계문은 콘스탄틴에 의해 안식일이 주일(일요일)로 바뀌었다고 주장하지만 콘스탄틴 훨씬 이전부터 초기 기독교에서는 안식일이 아닌 주일 예배가 이루어지고 있었음을 성경이 증명한다.

사도행전 20:7은 바울이 드로아에 머무는 동안 주일에 성만찬 의식을 포함하는 예배를 드리기 위해 모였다는 사실을 기록하고 있다. "그 주간의 첫날"에서 '주간'으로 번역된 삽바톤(σαββάτων)은 안식일부터 그 다음 안식일까지를 일컫는 일주일을 가리키며, "첫"으로 번역된 미아(μιᾷ)는 첫째를 의미한다. 따라서 "그 주간의 첫 날"은 일주일의 첫 번째 날인 일요일을 가리킨다.

고린도전서 16:1-2은 바울이 고린도교회 교인들에게 매 주일마다 헌금을 해야 할 의무를 가르친다. "매주 첫날"(2절)은 안식일 후 첫날로써 주일을 가리킨다. '매주'라는 말은 그 모임이 '정기적'이었다는 사실을 말해준다. 일요일마다 정기적으로, 규칙적으로 모인 사람들은 주일 예배자들이었다.

요한계시록 1:10은 요한이 언제 환상을 보았는지 밝힌다. 그날은 "주의 날"이었다. 주의 날로 번역된 퀴리아케 헤메라(κυριακῇ ἡμέρᾳ)는 기독교가 유대교와 분리된 후 기독교의 예배일의 정식 명칭으로 사용되었다. 이 용어는 '그리스도께서 부활하신 날'이라는 의미를 가진 아람어를 헬라어로 번역한 단어이다. 여기서 주의 날은 넓은 의미에서 '그리스도를 예배하는 날'을 뜻하고 좁은 의미에서는 '그리스도 부활의 기념일'을 뜻한다.[2]

콘스탄틴에 의해 예배의 날이 토요일에서 일요일로 바뀌었다는 손계문의 주장은 수준과 질이 매우 떨어진다. 왜냐하면 중학교 세계사 교과서만 읽어도 이 사실을 확인할 수 있기 때문이다. 콘스탄틴은 300년간 로마의 박해에 시달리던 기독교를 공인된 종교로 인정했고 교회의 편의를 위해서 일요일을 공휴일로 지정했다. 콘스탄틴에 의해 기독교가 여러모로 혜택을 누렸던 것은 사실이지만 콘스탄틴에 의해 안식일(토요일) 예배가 주일 예배로 대체되었다거나, 그가 세계 단일 종교의 꿈을 가지고 이교를 끌어들여 기독교를 창설했

---

2) Roger T. Beckwith, Christian Sunday, (Grand Rapids: Baker book house, 1978), 35-36.

다는 주장은 역사적으로, 성경적으로 근거가 없다. 왜 목사라는 직분을 가진 사람이 안상홍증인회나 제칠일안식일예수재림교회의 주장을 여과 없이 답습하고 있는지 알 길이 없다. 그가 진정한 종교개혁자의 후예인지 의심스럽다.

2. 다음은 손계문의 '요한계시록 강해 14부: 요한계시록6장, 네 말탄자와 일곱인(印)의 비밀'(2018년 6월 16일 유튜브 11HN성서연구원 채널)을 요약 녹취한 내용이다.

일곱 인의 시작 시점은 예수께서 승천하신 AD 31년부터 재림하실 때까지의 전 기독교 시대를 망라하는 기간입니다. ··· 첫째 인의 시대는 ···에베소 교회의 시대에 해당된다고 했죠. 그러니까 이 에베소 교회는 어떤 교회였습니까? 사도 시대의 그 사도들의 순결함과 그리고 복음의 승리가 흰색으로 표현되었습니다. ···둘째 인으로 넘어가 보도록 하겠습니다. ···붉은 색은 순교자의 피가 곳곳에서 흘렸던 그런 시대였습니다. ···둘째 인의 시대는 일곱 교회의 서머나 교회에 해당하는 시대로써 AD 100년경부터 콘스탄티누스 황제가 기독교를 공인하는 밀라노 칙령을 내리는 AD 313년까지의 기간이라고 볼 수 있습니다. 여러분 이 기간은 교회가 이단과 세상과의 타협 때문에 아주 고통을 받던 때였습니다. 신실한 그리스도인들에게는 많은 핍박이 있었던 때였습니다.···

셋째 인으로 넘어갑니다. ···검은 색은 ···타락과 어둠을 의미합니다. 이 검은 말을 탄 자가 손에 뭘 가졌습니까? 저울을 가졌습니다. ···아주 극심한 기근을 지금 말하고 있습니다. 여러분 이것은 그 당시에 말씀에 대한 영적 기근이 아주 심했던 것을 나타낸 것이라 볼 수 있습니다. 셋째 인의 시대는 일곱 교회의 시대로 보면 버가모 시대에 해당합니다. 콘스탄티누스가 기독교를 승인한 때부터 로마 교황청이 성립된 AD 538년까지, 그때를 말하는 기간입니다. ⋯콘스탄티누스 황제는 야심만만한 사람이었습니다. 그는 세계 단일 종교로 무슨 종교를 선택했습니까? ⋯기독교를 선택했는데요 그 기독교는 로마의 모든 이교의 교리와 관습을 혼합시킨 새로운 종교였습니다. 죽은 성도들을 경배하고 성물들을 숭배하고, 이교의 기념일인 크리스마스나 부활절 같은 것들이 이름을 바꾸어서 교회 안에 자리 잡게 되고, 또 안식일은 일요일로 대체되고. ⋯기독교의 본질은 부패되어갔습니다. ⋯그야말로 이 시대는 말씀의 기근과 영적 기근이 참으로 심했던 시대였습니다.

이제 넷째 인을 떼게 됩니다. ⋯청황색은 ⋯죽은 시체 색깔입니다. ⋯넷째 인은 일곱 교회의 두아디라 교회 시대와 일치합니다. ⋯AD 538부터 시작해서 16세기 종교개혁자들이 일어나 개신교를 일으킬 때까지의 긴 암흑 시대를 말하는 것입니다. ⋯자 이제 다섯째 인을 떼도록 하겠습니다. ⋯여기 보니까 제단 아래에서 순교자들이 자기들의 피를 신원해 주기를 호소하고 있습니다. ⋯이 다섯째 인은 사데 교회 시대로써 종교개혁 시대에 해당합니다. 그런데 종교개혁이 일어났는데도 핍박은 계속되고 예수님의 재림이 오지 않는 것에 대한 성도들의 안타까움을 표현하고 있습니다. ⋯여섯째 인으로 가 보도록 하겠습니다. ⋯여섯째 인을 떼실 때에 요한에게 알려주신 징조들은 이미 부분적으로 성취되었습니다. ⋯아직 하늘이 종이 축처럼 말려버리는, 최종적인 지진, 이런 일들은 아직 발생하지 않았습니다. 그렇기 때문에 여섯째 인의 시대는 빌라델비아 교회와 라오디게아 교회, 이 두 교회의 걸쳐서 해당이 됩니다. 대부분 빌라델비아 시대에 다 이루어졌지만 그러나 아직 성취되지 않은 것들은 우리가 살고 있는 이 라오디게아 시대 이 종말의 때에 이루어질 것이기 때문에 그렇습니다. ···그러니까 우리는 6장 13절과 14절 사이에 지금 우리가 살고 있는 겁니다(손계문, 2018년 6월 16일 설교, "요한계시록 강해 14부" https://www .youtube. com).

4장

◆

오독·오역으로 얼룩진 나팔 심판 해석

4장

오독·오역으로 얼룩진 나팔 심판 해석

1. 손계문에 대한 비평

1) 손계문의 주장 요약

유튜브 채널 '성서연구원'에 올린 '요한계시록 강해 16부: 요한계시록 8장 유대교, 기독교, 이슬람 심판이 시작되다(일곱 나팔)'라는 제목으로 2019년 3월 30일 올라간 손계문의 주장을 요약하면 다음과 같다.

* 첫째 나팔은 AD 70년에 발생한 유대의 멸망을 나타낸다.
* 둘째 나팔은 AD 476년에 발생한 서로마 제국의 멸망을 나타낸다.
* 셋째 나팔은 루시퍼의 침입으로 비성서적 가르침이 만연된 중세 교회를 나타낸다.
* 넷째 나팔은 자유주의 사상에 물든 16세기의 교회를 나타낸다.

2) 손계문의 주장 비판

손계문은 요한계시록 8:7부터 시작되는 나팔 재앙도 일곱 인과 마찬가지로 교회사 시대에 등장했다는 일곱 교회 유형에 접목하고, 이 재앙들을 각각의 시대마다 임할 심판이나 경고의 메시지를 나타낸다고 주장한다. 예를 들면 첫째 나팔은 1세기의 사도 시대에 발생했던 심판 사건을 나타내고, 둘째 나팔은 2-3세기의 박해받는 교회 시대에 임한 심판 사건을 보여주고 셋째 나팔은 세속화된 중세 교회에 주는 하나님의 경고를 나타내고 넷째 나팔은 신학적 오류에 빠져 있는 16세기의 유럽 교회를 경고하는 내용이라고 주장한다. 즉 일곱 인과 일곱 나팔은 시대적 동시성을 가지고 있지만 일곱 나팔에는 특별히 심판과 경고가 부가되어있다는 것이다. 다시 말해 일곱 인과 일곱 나팔은 동일한 시대를 배경으로 하지만 일곱 나팔에는 그 시대에 임한 하나님의 심판이나 경고가 첨가되어 있다는 것이다. 과연 일곱 인과 일곱 나팔이 그러한 구조로 연결되어 있으며, 그러한 내용으로 구성되어 있을까?

요한계시록 본론부에 자리 잡고 있는 일곱 인, 일곱 나팔, 일곱 대접 시리즈의 중심 주제는 심판과 재앙이다. 일곱 인은 이 심판에 관한 대략적인 개관을 소개한다. 일곱 나팔과 일곱 대접은 일곱 인의 더욱 심화된 심판의 내용을 보여준다. 일곱 인에서 일곱 나팔로, 그리고 일곱 대접으로 진행할수록 심판의 성격은 더욱 무섭고 광범위해진다. 예를 들면 인 재앙에서는 피해 면적이 사분의 일이지만 나팔 재앙에서는 땅, 수목, 바다, 강, 해와 달의 삼분의 일이 피해를 당한다. 그리고 대접 재앙에서는 그 범위가 전체적으로 확대된다. 이러한 면에서 이 세 시리즈의 구조는 반복과 전진이다. 즉 이 세 시리즈는 서로 맞물려 연속적으로 전개되는 재앙을 보여줄 뿐 교회사를 다루고 있지 않다. 이러한 왜곡된 전제를 가진 그가 일곱 나팔 심판을 얼마나 왜곡할지 짐작이 된다.

손계문은 첫째 나팔 장면을 AD 70년에 발생한 예루살렘의 멸망을 나타낸다고 주장한다. 그는 "첫째 천사가 나팔을 부니 피 섞인 우박과 불이 나와서 땅에 쏟아지매 땅의 삼분의 일이 타 버리고 수목의 삼분의 일도 타 버리고 각종 푸른 풀도 타 버렸더라"(8:7)라는 장면이 로마의 티투스 장군에 의해 유대 민족이 멸망된 AD 70년의 사건을 나타내는 것이라고 한다.

그는 그 근거를 다음과 같이 제시한다. "첫째 교회와 첫째 인은 계시록을 쓴 요한이 아직 생존해 있던 1세기의 기간에 성취되었죠. 그래서 첫째 나팔도 의심할 여지 없이 서기 70년에 발생한 유대 국가의 멸망으로 볼 수 있습니다." 말하자면 요한계시록의 저자 요한의 생존 기간 동안 유대민족에게 발생했던 여러 사건들이 첫째 나팔 장면의 후보군에 있다는 말이다. 그리고 그 후보군 중에 AD 70년에 일어났던 유대민족의 대참사가 첫째 나팔에 해당된다는 것이다. 도대체 누가 그러한 규칙을 정했는지, 누가 성경을 그렇게 해석해도 된다고 했는지, 어디서 그런 방법을 배웠는지 궁금하다.

첫째 나팔 장면은 AD 70년의 전쟁 참패를 보여준다는 손계문은 이를 뒷받침하기 위해 몇몇 성경 구절을 제시한다. 그는 시편 1:3에서는 사람을 시냇가에 심은 나무라 했고, 시편 52:8에서도 사람을 감람나무라 했고, 예레미야 11:16에서도 이스라엘 백성을 푸른 감람나무라 했고, 마태복음 21:19에서도 유대민족을 무화과나무라 했기 때문에 본문에 등장하는 "수목"(8:7)도 유대민족을 가리키는 것이며 "수목이 불탔다"는 표현도 유대민족의 멸망을 나타내는 것이라고 주장한다. 따라서 첫째 나팔은 AD 70년의 사건을 가리키는 분명하다고 한다.

손계문은 나무를 인간으로 비유한 구절들을 뽑아 요한계시록 8:7 '수목'에 대입하고, 이 수목도 사람과 동일시한다. 과연 이것이 정상적인 성경 해석 방법인가?

손계문이 뽑아온 구절들이 '나무=사람' 혹은 '나무=유대인'이라고 정의하는가? 이 모든 표현은 비유일 뿐 풀과 나무가 사람 혹은 민족이라 말하지 않는다. 풀과 나무는 인간을 상징할 뿐이다. 이런 방식대로라면 "주께서 어찌하여 사람을 바다의 고기 같게 하시며 다스리는 자 없는 벌레 같게 하시나이까"(합 1:14)에서 물고기나 벌레가 인간 자체라고 해야 하며, "하나님의 성령이 비둘기 같이 내려 자기 위에 임하심을 보시더니"(마 3:16)에서 새를 성령 자체라고 해야 한다.

손계문의 단어 풀이는 매우 비상식적이다. 단어의 의미는 문맥이 결정하며, 문맥 안에서 그 의미를 찾아야 한다는 상식을 크게 벗어나 있다. 비유와 실제를 구분하지 못하는 이러한 유형은 천부교의 박태선, JMS의 정명석, 신천지의 이만희에게서 주로 발견된다.

요한은 첫째 천사가 나팔을 불자 피 섞인 우박과 불이 땅에 떨어져 땅 삼분의 일, 나무 삼분의 일, 풀 삼분의 일이 모두 타버리는 장면을 본다. 우박과 불에 대한 묘사는 출애굽기 9:13-35에 언급된 애굽 전역에 내려졌던 재앙과 병행을 이룬다. 이 장면은 하나님을 반역하는 세상에 대한 심판은 자연계에 대한 심판에서부터 시작한다는 사실을 보여준다. 종말론적 재앙을 의미하는 피 섞인 우박과 불이 땅에 쏟아졌을 때 땅의 삼분의 일이 모조리 불살라졌다. 전소된 땅 삼분의 일은 요한계시록 6:8의 묘사와 비교해 볼 때 심판의 강도가 명백히 강화되어있다. 재앙을 맞은 땅의 범위가 사분의 일에서 삼분의 일로 늘어난 것은 자연계에 임한 이 종말론적인 재앙의 혹독함을 나타낸다. 이 장면은 손계문이 주장하는 AD 70년에 발생한 예루살렘의 멸망과 무관하다.

손계문의 기이한 주장은 둘째 나팔 해석에서도 이어진다. 그는 "둘째 천사가 나팔을 부니 불붙는 큰 산과 같은 것이 바다에 던져지매 바다의 삼분의 일이 피가 되고 바다 가운데 생명 가진 피조물들의 삼분의 일이 죽고 배들의 삼분의 일이 깨지더라"(8:8-9)는 장면을 AD 476년에 발생한 서로마 제국의 멸망을 보여주는 것이라고 단정한다. 과연 그럴까?

요한계시록 8:8-9이 보여주는 둘째 나팔 장면은 매우 단순하다. 불타는 큰 산과 같은 것이 바다에 던져져 바다의 삼분의 일이 피가 되고, 바다 생물의 삼분의 일이 죽고, 배의 삼분의 일이 파괴되는 명료한 장면을 그러한 공정 과정을 거쳐서 파악해야할 필요가 있는 가? 이 장면 어디에서 AD 476년에 발생한 서로마 제국의 멸망을 나타내는 암시나 단서가 있는가?

요한은 둘째 천사가 나팔을 불자 큰 산처럼 보이는 것이 이글이글 타면서 바다 속으로 던져지는 광경을 본다. 산을 본 것이 아니라 산 처럼 보이는 것을 보았다. 그러자 바다의 삼분의 일이 피가 되고 바 다의 생물 즉 물고기와 기타 어류 삼분의 일이 죽고 선박 삼분의 일 이 파괴되는 장면을 본다.

여기서 바다, 피, 생물, 배들은 상징이 아니라 실제이다. 이 둘째 나팔 장면도 자연계에 내려진 종말적 심판과 결부되어있다. 자연계 에 대한 심판은 필연적으로 인간에 대한 심판으로 이어진다. 여기 서 인간에 대한 심판은 인간이 사용하는 선박이 파괴되는 것을 통해 서 보여준다. 이 장면은 손계문이 주장하는 AD 476년의 서로마 제 국의 멸망과 무관하다.

손계문의 황당한 기조는 셋째 나팔 해석에서도 이어진다. 그는

"셋째 천사가 나팔을 부니 횃불 같이 타는 큰 별이 하늘에서 떨어져 강들의 삼분의 일과 여러 물 샘에 떨어지니 이 별 이름은 쓴 쑥이라 물의 삼분의 일이 쓴 쑥이 되매 그 물이 쓴 물이 되므로 많은 사람이 죽더라"(8:10-11)는 장면을 루시퍼의 침입으로 비성서적 가르침이 만연하게 된 중세 교회를 나타낸다고 주장한다. 특이한 점은 셋째 나팔 장면은 심판을 보여주는 것이 아니라 단지 오염되어있는 중세 교회의 상태만을 보여준다는 것이다.

손계문은 하늘에서 떨어진 큰 별은 루시퍼로, 강물과 물 샘은 교회로, 큰 별이 강과 샘으로 떨어지는 것은 루시퍼가 교회로 침입한 것으로 해석한다. 그리고 이를 중세 교회에 접목한다. 무엇을 근거로 큰 별과 루시퍼를 동일한 존재로 간주하는가? 명확하지 연관성을 바탕으로 두 대상을 동일시하는 것은 명백한 오류다. 손계문의 요한계시록 해석은 대부분 이런 오류에 기초한다.

요한은 셋째 천사가 나팔을 불자 쑥이라 이름 하는 큰 별이 강들 삼분의 일과 여러 샘에 떨어져 물 삼분의 일이 쓰게 되어 그 물을 먹은 많은 사람들이 죽는 장면을 본다. 독을 품은 이 별이 물에 떨어졌을 때 물은 쑥같이 쓰게 되었고 이 물을 먹은 사람들은 죽는다. 별이 하늘에서 떨어지는 것과 독한 물을 마시게 되는 것도 종말적 심판의 정황을 설명하는 표현이다. 셋째 나팔 장면에서도 땅과 바다에 이어 강물, 샘 등 자연계에 대한 심판이 이어지고 있음을 보여준다. 이 장면에서 손계문이 주장하는 타락한 중세 교회와 연계될 수 있는 증거는 없다.

손계문은 넷째 나팔 장면을 가리켜 자유주의 사상에 물든 16세기의 교회를 나타낸다고 주장한다. "넷째 천사가 나팔을 부니 해 삼분의 일과 달 삼분의 일과 별들의 삼분의 일이 타격을 받아 그 삼분의 일이 어두워지니 낮 삼분의 일은 비추임이 없고 밤도 그러하더라"(8:12)를 합리주의와 자유주의 사상의 지배를 받게 된 16세기의 유럽 교회를 나타낸다는 것이다. 그는 여기에서도 구약의 여러 구절들을 빌려와 '해'를 예수 그리스도 혹은 하나님의 말씀을 상징하는 것으로, '달'은 성장하게 하는 것을 상징하는 것으로, '별'은 천사들을 상징하는 것으로 설정하고 이 해와 달과 별이 타격을 받아 삼분의 일이 어두워진 것을 16세기의 유럽 교회가 암흑 상태에 빠진 것으로 해석한다. 도대체 해, 달, 별에 대한 이러한 조합들이 어떻게 16세기의 유럽 교회와 직통 연결이 가능한지 모르겠다. 성경적인 설명 없이. 그냥 '그렇다'고 주장한다. 중간 연결 고리에 대한 설명이나 증거 제시가 없는 일방적 선언이다. 손계문은 성경적 연결 고리가 아닌 자의적 연결 고리에 의존하고 있다. 해, 달, 별에 대한 이러한 조합이 16세기 유럽 교회와 연관될 수 있는 유사성은 전혀 없다.

손계문의 성경 해석 방법은 기이하다. 사실 성경 해석이라 할 것까지도 없지만 그는 해석에 앞서 먼저 가설을 세운다. 그리고 그 가설의 정당성을 이런 저런 구절을 끌어들여 입증한다. 그리고 그 가설을 다시 본문으로 가져와 최종적 의미로 매듭짓는다. 말하자면 자기가 세운 가설에 성경을 차용하여 인증한 후 그 가설을 다시 결론으로 채택하는 방식이다. 대대수 사이비들이 즐겨 사용하는 방식이다.

요한은 넷째 천사가 나팔을 불자 해와 달과 별의 삼분의 일이 충격을 받아 어두워지고 낮의 삼분의 일의 빛이 사라지는 광경을 목격한다. 해와 달과 별들의 삼분의 일이 충격을 받아 천체들이 빛을 잃게 되는 재앙이다. 낮 삼분의 일도 빛을 잃고 밤의 달과 별들도 동일한 결과를 나타냈다. 이러한 어두움은 단순히 천체의 이상 현상만을 나타내는 것이 아니라 종말적 심판과 결부되어 있다(암 5:18; 욜 2:2; 사 13:10 참고).

예수님도 "그때에 그 환난 후 해가 어두워지며 달이 빛을 내지 아니하며"(막 14:24)라고 하시며 종말의 징조를 언급하셨다. 넷째 나팔 장면은 하나님을 반역하는 세상에 대한 종말적 심판이 천체계의 변이를 통해서 이루어질 것을 보여주고 있다. 이 장면에서도 손계문이 주장하는 16세기의 유럽 교회는 나타나지 않는다.

이상에서 살펴 본대로 손계문의 네 개의 나팔 장면에 대한 해석은 오독과 오역으로 얼룩져 있다. 이러한 그가 한국 교회가 진리를 오염시키고 있고 성도들을 영적으로 죽이고 있다며 회개를 촉구한다. 그의 목소리를 들어보자. "여러분, 셋째 나팔이 말하는 것은 이방 종교가 아니라 슬프게도 기독교를 통해서 그 독성 많은 그 사탄의 비성서적인 가르침이 사람들에게 유포되고 그로 말미암아 이 땅에 있는 하나님의 교회와 그리스도의 진리가 오염되는 사태를 말합니다. …여러분 중세 시대뿐입니까? 오늘날 교회는 어떻습니까? 교회에서 쓴 풀을 먹이고 사람들을 영적으로 죽게 하고 있습니다. 하나님의 심판이 임하기 전에 교회는 회개해야 합니다."

또 다른 그의 목소리를 들어보자. "여러분, 그것은 그리스도 교회에게 타격을 가하고 사람들로 하여금 회의주의와 세속주의에 빠지게 합니다. 그리고 오늘날 교회는 이러한 사상에 점령당한 신학을 마치 고상한 진리인양 선포하고 있습니다. 참으로 빛을 발해야 할 교회가 심각히 어두워진 오늘날입니다." 손계문은 회의주의, 세속주의, 자유주의에 빠져 있다며 한국 교회를 호통 친다.

필자는 목사이다. 지난 30년 동안 여러 교회에서 목회했고, 현재는 여러 교회의 초청을 받고 강의를 한다. 여전히 많은 목사들과 성도들을 만난다. 한국 교회는 아직도 보수적이다. 지나칠 정도로 보수적이다. 대다수 목사들은 자유주의 신학에 극심한 알레르기 반응을 보인다. 독일의 슐라이에르마허에서 시작한 자유주의 신학, 그 이후 등장한 칼 바르트, 루돌프 불트만, 에밀 브루너, 폴 틸리히 등등의 이름에 상당히 예민한 반응을 보인다. 그 중에는 이런 신학자들의 이름조차 모르는 사람들도 허다하다. 손계문은 이러한 풍토의 한국 교회가 지금도 자유주의를 옹호하고 차용하고 있다고 생각한다. 비뚤어진 야망을 버리고 진정으로 회개의 자리로 돌아와야 할 자가 누구인지 되묻지 않을 수 없다.

2. 다음은 손계문이 2019년 3월 30일 유튜브 채널 '성서연구원'에 올린 '요한계시록 강해 16부: 요한계시록 8장 유대교, 기독교, 이슬람 심판이 시작되다(일곱나팔)'를 요약 녹취한 내용이다.

일곱 교회와 일곱 인이 기독교 역사의 전 기간을 망라하면서 첫째 교회와 첫째 인은 계시록을 쓴 요한이 아직 생존해 있던 1세기의 기간에 성취되었죠. 그래서 첫째 나팔도 의심할 여지없이 서기 70년에 발생한 유대 국가의 멸망으로 볼 수 있습니다. 여러분 구약 성경에 보면 푸른 풀이 하나님의 백성을 나타내고 있고요(사 44:3-4) 나무 역시 하나님의 백성을 대신하고 있습니다 (시 1:3; 52:8; 9:12). 예레미야 선지자는 유대민족을 감람나무라고 일컬었고요(렘11:16-17). ···예수님은 그 당시 유대민족을 열매 맺지 못하는 무화과나무라고 말씀하셨죠(마 21:19). ···

둘째 나팔은 AD 476년 서로마 제국의 멸망을 뜻합니다. 여러분 사도 베드로는 1세기 말 경에 로마 제국으로부터 박해를 받고 있던 유대인들이 바벨론에게 고통을 당한 걸 빗대서 로마를 뭐라고 불렀어요? 바벨론에 있는 교회에 보내는 편지라고 상징적으로 말했습니다(벧전 5:13). ···이 바벨론은 하나님의 성도를 박해하는 나라를 상징합니다. ···예레미야 51장에 보면 바벨론은 멸망의 산, 불타는 산으로 부르면서 멸망당할 것을 예고했습니다. ···둘째 나팔은 이방 나라인 로마에 내리는 심판으로 적용했습니다. ···셋째 나팔입니다. …성경에서 별은 천사들을 상징하거든요(욥 38:7; 계 9:1; 12:4). 별이 크다는 것은 중책을 맡은 천사를 가리킵니다. 그러니까 이 큰 별은 하늘 천사들의 삼분의 일을 타락시켜서 반역해서 그들과 함께 쫓겨난 그 우두머리 루시퍼 사탄을 가리킵니다. ….

강물과 물 샘은 하나님의 진리를 간직해서 가르치는 교회를 가리키는데 하늘에서 큰 별이 그 강들과 물 샘에 떨어지는 것은 하늘에서 쫓겨난 사탄이 어디로 들어왔다는 얘기에요? 교회 내부에, 진리에 침입해서 활동할 것을 상징적으로 표현한 겁니다. 여러분 셋째 나팔이 말하는 것은 이방 종교가 아니라 슬프게도 기독교를 통해서 그 독성 많은 그 사탄의 비성서적인 가르침이 사람들에게 유포되고 그로 말미암아 이 땅에 있는 하나님의 교회와 그리스도의 진리가 오염되는 사태를 말합니다. …여러분 중세 시대뿐입니까? 오늘날 교회는 어떻습니까? 교회에서 쓴 풀을 먹이고 사람들을 영적으로 죽게 하고 있습니다. 하나님의 심판이 임하기 전에 교회는 회개해야 합니다. …넷째 천사가 나팔을 붑니다. …여러분 여기서 해는 구약에서 예수 그리스도를 상징하기도 하고(말 4:2), 하나님의 말씀을 상징하기도 합니다(시 119:105). …

달은 신명기에 보면 성장케 하는 것을 상징합니다(신 33:14). 별들은 하나님의 사자들, 천사들을 상징합니다. 그런데 "어두워졌다"는 것은 영적 이해력과 통찰력이 약화되었다는 것을 상징합니다. …넷째 나팔은 교회가 심각한 암흑에 덮일 것을 가리킵니다. …셋째 나팔의 중세 시대를 묘사했다면 넷째 나팔은 그 후에 더욱 어두워진 영적 흑암을 말하고 있습니다. 중세의 암흑 시대에 뒤이어서 16세기부터 유럽은 인간의 이성을 한없이 높인 계몽주의, 이성의 시대를 거쳐서 합리주의와 자유주의 사상의 지배를 받게 됩니다. 여러분 그것은 그리스도 교회에게 타격을 가하고 사람들로 하여금 회의주의와 세속주의에 빠지게 합니다. 그리고 오늘날 교회는 이러한 사상에 점령당한 신학을 마치 고상한 진리인 양 선포하고 있습니다. 참으로 빛을 발해야 할 교회가 심각히 어두워진 오늘날입니다(손계문, 2019년 3월 30일 설교, "요한계시록 강해 16부" https://www .youtube. com).

5장

◆

특정 제국에 대입한
다섯째·여섯째 나팔 해석

5장

특정 제국에 대입한 다섯째·여섯째 나팔 해석

1. 손계문에 대한 비평

1) 손계문의 주장 요약

손계문이 유튜브 채널 '성서연구원'에 올린 '요한계시록 강해 17부: 요한계시록 9장 성경에 예언된 이슬람과 교황청의 밀월 (1)'(2019년 4월 13일)과 '요한계시록 강해 19부: 요한계시록 10장, 예수님의 이름에 먹칠하지 않는 교회'(2019년 4월 27일)는 네 가지 주장으로 요약할 수 있다.

* 다섯째 나팔은 이슬람이 150년간 유럽을 공격할 것을 나타낸다.
* 여섯째 나팔은 셀주크 투르크가 발전한 오스만 트루크 제국을 나타낸다.
* 요한계시록 10장은 빌라델비아 교회 시대, 즉 19세기 개신교 시대

를 나타낸다.

* 요한계시록 10:2의 작은 책은 다니엘서를 말한다.

2) 손계문의 주장 비판

손계문은 첫째 나팔 장면은 AD 70년에 발생한 유대의 멸망을 나타내고, 둘째 나팔 장면은 AD 476년의 서로마 제국의 멸망을 가리키고, 셋째 나팔 장면은 중세 교회를 보여주며, 넷째 나팔 장면은 16세기의 유럽 교회를 나타낸다고 주장한다. 요한계시록을 세계사 속에 등장했던 특정 시대와 연관 짓는 이러한 손계문의 기법은 요한계시록 9장에 등장하는 다섯째 나팔과 여섯째 나팔 해석에서도 이어진다. 그는 다섯째 나팔(1-12절)에 등장하는 "전갈과 같은 꼬리와 쏘는 살이 있어 그 꼬리에는 다섯 달 동안 사람들을 해하는 권세가 있더라"(10절)는 문장을 곧바로 이슬람과 직결한다. 그리고 전갈처럼 생긴 황충의 꼬리가 사람을 해하는 기간 다섯 달을 150년으로 계산해서 이슬람이 150년 간 유럽을 괴롭히는 것을 나타내는 것이라 하며, 이를 AD 1453년에 콘스탄티노플이 이슬람에 의해 함락당한 사건에 대입한다. 과연 이러한 해석이 저자의 의도와 얼마나 상관성을 가지고 있을까?

다섯째 천사가 나팔을 불자 요한은 하늘에서 떨어진 별 하나가 열쇠를 받아 무저갱을 열자 연기 속에서 전갈처럼 쏘는 권세를 가진 황충들이 나와 온 땅에 퍼지는 장면을 본다(1-3절). 하나님의 인침을 받지 아니한 사람들만 해하라는 지시를 받은 이 황충들은 사람을 죽이지는 못하고 다섯 달 동안 괴롭히기만 해야 한다(5절, 10절). 실지로 이 기간 동안 사람들은 죽지는 않고 고통만 당한다(6절).

요한은 이 황충의 모습을 자세히 묘사한다. 머리에는 금 면류관 같은 것을 썼고, 얼굴은 사람의 얼굴 같고, 여자 머리털 같은 머리털이 있고, 이빨은 사자 이빨 같고, 쇠로 된 가슴막이를 두르고, 날갯소리는 병거 끄는 소리와 같았고, 전갈과 같은 꼬리와 침이 달려 있다(7-10절). 성경에서 전갈은 인간에게 고통을 주는 것으로 묘사된다(신 8:15; 왕상 12:11, 겔 2:6, 눅 11:12 참고). 요엘 1:3-6은 황충들이 떼를 지어 공격하듯이 바벨론이 이스라엘을 침공하게 될 것을 알려준다. 아모스 7:1-2에서도 황충 곧 메뚜기의 파괴력을 볼 수 있다. 에굽에 내린 열 가지 재앙 가운데서도 메뚜기의 이런 특징을 엿볼 수 있다.

하나님의 인을 이마에 맞지 아니한 사람들만 해하라는 명령에서 알 수 있듯이 이 황충의 공격 대상은 하나님을 반역하는 세상과 인간이다. 이와 반대로 하나님의 인을 이마에 맞은 사람은 황충이 괴롭히지 못한다. 이는 요한계시록 6:17의 "진노의 큰 날이 이르렀으니 누가 능히 서리요"에 대한 분명한 해답이 된다. 진노의 그날에 구원을 얻는 유일한 길은 하나님께 속해 있어야 한다는 것이다.

1세기의 독자들은 황충의 이미지를 통해 그것이 정신적이든, 영적이든, 문화적이든 세상과 인간이 얼마나 잔인하게 지배받게 될지를 보게 된다. 이 재앙은 종말로 갈수록 심화된다. 정치, 사회, 경제, 문화 전반에 걸쳐 하나님을 거스르는 현상은 더욱 강화된다.

이 장면이 어떤 이유에서 150년간 유럽을 공격한다는 이슬람을 보여 주는가? 도대체 어떤 구절, 어떤 낱말이 이슬람과 유럽을 나타내는가? 오히려 황충에게 부가된 명령 곧 사람의 목숨을 앗아가지 말라는 명령은 이슬람의 살육적, 약탈적 이미지와 상치된다.

손계문은 민수기 14:34, 에스겔 4:6을 끌어들여 성경은 1일을 1년으로 계산한다고 하며 다섯 달을 150년으로 산출한다. 이런 방식이라면 베드로후서 3:8을 인용하여 성경은 하루를 1000년으로 계산할 수 있다며 다른 숫자를 산출할 수 있다. 5는 10의 절반이다. 10이 충만과 완전을 함축하는 숫자라는 점에서 10의 절반인 5는 모자람과 결핍을 의미한다. 황충 재앙이 미치는 기간이 다섯 달 즉 매우 짧은 기간임을 나타낸다.[1] 다섯째 나팔 장면 그 어디에서도 이슬람이 150년간 유럽을 괴롭힌다는 단서를 찾을 수 없다.

손계문은 이번에는 여섯째 나팔 재앙을 셀주크투르크가 발전한 오스만투르크 제국을 나타낸다고 주장한다. 황충이 머리에 쓴 면류관과 머리털은 무슬림이 쓰는 터번으로 간주하고, 메뚜기에게 날개가 있다는 것은 이슬람의 빠른 정복을 나타내며, 마병대 수가 "이만

---

1) 박수암, 『요한계시록』, (서울: 대한기독교출판사, 1989), 134.

만"(16절) 즉 이억이라는 것은 떼를 지어 몰려다니는 이슬람의 마병대를 의미하고, "불과 연기와 유황"(17절)을 이슬람의 막강한 화력을 가리킨다며 여섯 나팔 재앙이 오스만투르크 제국을 보여주는 정당성으로 제시한다.

하지만 그가 언급한 면류관, 머리털, 날개는 다섯째 나팔에 등장하는 황충의 용모이다. 여섯째 나팔을 설명한다면서 다섯째 나팔 소재를 끌어다 활용한 것이다. 이는 상식을 벗어난 행위이며 도덕적이지도 않다. 아무리 요한계시록을 모르는 독자라 할지라도 조금만 주의를 기울여 본문을 읽으면 손계문의 이러한 간교를 어렵지 않게 파악할 수 있다. 다섯째 나팔과 여섯째 나팔은 목적과 의도가 전혀 다른 각각의 재앙이다.

여섯째 천사가 나팔을 불자 요한은 정해진 연월일시에 사람 삼분의 일을 죽이기로 예비한, 유브라데 강에 결박되어있는 네 천사를 풀어주라는 소리와 동시에 네 천사가 풀려나는 장면을 본다(13-15절). 이 천사들이 거느린 마병의 수는 이억(16절)이며 이 마병들은 여러 색깔의 가슴막이를 달았고, 말들의 머리는 사자 머리와 같고, 그 입에 뿜어져 나오는 불과 연기와 유황으로 사람 삼분의 일을 죽이는 장면이 나타난다(17-18절).

이 재앙에 죽지 않고 살아남은 사람들은 자기들이 한 일을 회개하지 않고 여전히 귀신들을 섬기며 우상에게 절하고 살인과 마술과 음란과 도둑질을 회개하지 않는다(20-21절). 다섯째 나팔은 사람을 죽이지는 않고 괴롭게만 하는 재앙이지만 여섯째 나팔에서는 결박에서 풀려나온 네 천사들의 수하에 있는 마병대가 사람을 죽이는 재앙이다.

네 천사가 결박당해 있었던 유브라데 강은 이스라엘의 북단 경계선으로 (창 15:18; 신 11:24; 수 1:4) 예로부터 강대국들의 침략 기지였다(사 7:20; 8:7; 렘 46:10). 구약의 예언서에서 북쪽으로부터 오는 적에 대한 경고가 많이 등장하는 이유는 이 때문이다 (사 14:31; 렘 1:14; 6:1; 겔 26:7; 38:6). 1세기의 유대인 독자들은 유브라데 강을 '전쟁'을 암시하는 키워드로 이해하는 데 전혀 지장이 없다.

네 천사는 유브라데 강에 결박당해 있었다. 이들은 하나님에 의해 제어를 받고 있지만 정한 시기에 하나님의 명령을 수행하기 위해 기다리는 존재임을 보여준다. 그리고 때가 되면 네 천사는 수하의 마병대를 동원하여 불과 연기와 유황으로 사람 삼분의 일을 학살한다.

1세기의 독자들은 이 장면을 통해 하나님이 정한 때에 있을 종말적 심판의 정황을 보게 된다. 요한은 이 심판을 하나님의 심판의 대행자로 행동하는 천사들을 언급하는 묵시문학을 통해 조명하고 있다.[2] "그 년 월 일 시"(9:15)는 실제적인 전쟁 날짜를 제시하는 것이 아니라 이 심판에 대한 하나님의 확고한 의지를 나타낸다.

과연 손계문의 주장처럼 여섯째 나팔 재앙은 콘스탄티노플을 함락시킨 오스만투르크를 나타내는가? 과연 하나님께서 로마의 황제 숭배 강요에 직면해 있었던 1세기의 소아시아 교회에게 무함마드의 이슬람, 셀주크투르크, 오스만투르크를 보여줄 의도를 가졌겠는가? 죽음과 삶의 기로에 섰던 그들에게 이슬람의 변천사가 무슨 의미가 있었을까? '면류관', '머리털'. '날개', '이억', '불과 연기와 유황'라는 단어에서 이슬람을 연상시키는 이미지들을 추출해 오스만투르크로 모자이크하는 기법이 매우 황당하고 충격적이다. 자기가 설정한 목표를 이루기 위해 몇몇 단어를 짜깁기하는 모양새는 대부분의 사이비에서 흔히 발견된다.

성경 해석은 주어진 본문을 통해서 당시의 청자와 독자들이 무엇을 들었으며 무엇을 깨달았는지를 묻는 작업에서 시작해야 한다. 즉 저자가 의도한 본문에 대한 독자들의 반응이 무엇이었는지를 먼저 질문해야 한다. 이를 위해서 해석자는 반드시 성경 시대로 돌아가야 한다. 그 다음 현대를 살아가는 교회와 성도는 그것의 오늘날의 의미와 적용을 모색해야 한다. 이 적용은 저자가 의도한 근본적

---

2) 1 Enoch 53:3; 56:1; 62:11; 63:1; 66:1; J Enoch 31:2; 32:1; 33:1은 천사를 하나님의 우주적 심판의 대행자로 묘사한다. David E. Aune, 『요한계시록 6-16』, "WORD BIBLICAL COMMENTARY volume 52B", 322.

인 의미와 가치 속에서 이루어져야 한다. 이와 같은 성경 해석 기본 원칙은 요한계시록 해석에 있어서도 예외가 될 수 없다. 이와 같은 해석 방법을 과거주의 해석방법이라 치부하는 손계문은 요한계시록의 저자와 독자들이 살았던 시대는 고려하지 않는다. 오로지 자기가 정해 놓은 특정 전제 혹은 가설의 정당성을 본문의 몇몇 단어나 문장의 이미지를 통해 입증하거나, 아니면 직접 단어와 문장의 의미를 조작하거나, 아니면 타 성경 구절을 가져와 덧대는 방식으로 증명을 시도한다. 자기가 세운 전제나 가설을 성경을 통해 입증하는 방식으로 정당화하는 방식이다. 이 부분에서 각종 사진, 영상, 문헌 들을 자료로 제공한다.

손계문의 이와 같은 방식은 요한계시록 9장뿐 아니라 10장 해석에 있어서도 나타난다. 그는 요한계시록 10장을 빌라델비아 교회 시대 즉 19세기 세계 선교 시대를 배경으로 하고 있다며 또 다시 무리한 해석을 이어간다. 그는 2018년 2월 10일 '요한계시록 강해 9부' 설교에서 요한계시록 10장을 1798년부터 1844년까지를 배경으로 하고 있다고 주장한 바 있다. 그의 해석 기조는 매우 일관성이 있다. 1798년을 시작일로 정한 이유는 이 해부터 개신교의 세계 선교가 시작되었기 때문이며, 1844년을 마지막으로 잡은 이유는 이 해에 예수님이 하늘 지성소에 임해서 조사심판을 단행했기 때문이라는 것이다. 조사심판은 안식교의 핵심 교리 가운데 하나이다. 손계문이 안식교에 사상적 뿌리를 두고 있다는 비판이 나오는 이유가 바로 이러한 해석 때문이다. 도대체 그가 안식교와 무슨 공감대가 있을까?

  손계문은 빌라델비아 교회를 나타내는 요한계시록 3:7-13에 등
장하는 여러 표현 가운데 '열쇠'(3:7)와 '문'(계 3:8)이라는 낱말을
다른 성경 구절과 엮어 이를 1798년에서 1844년까지의 개신교의
선교 역사와 직결하고 이를 빌라델비아 교회가 상징하는 시대로 규
정한다. 성경을 모르는 사람들 입장에서는 시원시원한 정답을 제시
해주는 그에게 충분히 매력을 느낄 만하다. 하지만 대단히 비성경
적이며, 인위적이며 자의적이다.

  손계문은 타락한 중세 교회를 나타낸다는 사데 교회(1-6절) 다음
의 교회 즉 빌라델비아 교회(7-13절)를 중세 다음에 오는 시대로 설
정하고, 몇 개의 성경 낱말을 주춧돌로 삼아 자기가 세운 가설을 증
명해나가는 방법을 여기에서도 발휘한다. 매우 현란하나 객관적이
지 못하고 직관적이다.

  물론 빌라델비아 교회는 적은 능력을 가지고도 주의 말씀을 지
켰고, 인내했고, 면류관도 약속받았다. 하지만 요한계시록 3:7-13
에서 빌라델비아 교회와 1798년에서 1844년까지의 개신교 역사
가 관련되어있다는 객관적 정보를 얻을 수 있는가? 그렇게 추정할
수 있는 단서나 암시조차 있는가? 빌라델비아 교회는 1798년에서
1844년의 기간을 절대 보여주지 않는다. 손계문의 오역은 끝이 보
이지 않는다.

그렇다면 요한계시록 10장이 19세기 개신교의 선교역사를 배경으로 하고 있다는 손계문의 주장은 수용할 수 있는가? 그는 이를 증명하기 위해 다니엘서를 중간 매개로 이용한다. 요한계시록 10장에 등장하는 힘센 천사의 손에 든 작은 책을 다니엘서로 전제하는 것이 바로 그것이다. 물론 이 주제는 다음 장에서 자세하게 다룬다. 여기에서는 이 작은 책이 다니엘서인지 아닌지만 밝혀둔다. 이 책이 다니엘서가 아니라는 사실만 확인되면 요한계시록 10장과 19세기는 아무런 관련이 없음이 밝혀지기 때문이다.

그렇다면 과연 힘센 천사의 손에 있는 '작은 책'(10:2)은 무엇일까? 이 작은 '책'(βιβλαρίδιον)은 요한계시록의 5:1의 '책'(βιβλίον)과 동일한 책이다. 즉 작은 책으로 번역된 '비블라리디온'은 5:1에 언급된 '비블리온'의 축소형이다. 차이가 있다면 5:1의 책은 인봉되었고 10:2의 책은 펼쳐져 있다. "그 손에는 펴 놓인 작은 두루마리"(10:2)에서 "펴 놓인"으로 번역된 에네오그메논(ἠνεῳγμένον)은 이 책이 열린 상태로, 공개되어 있음을 나타낸다. 5:1의 책과 10:2의 책이 동일한 책이라면 왜 봉함된 책이 펴 놓인 책으로 전환되어 언급되었을까? 그 이유는 간단하다. 어린 양이 이 봉함된 책의 봉인을 차례로 뗐기 때문이다(6:1, 3, 5, 7, 9, 12; 8:1). 어린 양이 봉인된 일을 하나씩 뗄 때마다 거기에 수반된 내용이 공개되며 종말적 심판들이 실현된다(6:1-17; 8:1). 이것이 힘센 천사의 손에 있는 책이 열린 상태 즉 공개된 상태로 있는 이유이다. 천사의 손에 있는 작은 책은 다니엘서가 아니라 어린 양이 보좌에 앉으신 분에게서 취하여 봉인을 뗐던 바로 그 책이다.

손계문이 주장하는 요한계시록 10장의 '작은 책=다니엘서'라는 등식은 성경적인 뒷받침이 없다. 그의 주장은 이미 이 지점에서부터 빗나간다. 그렇다면 요한계시록 10장이 19세기 개신교 선교역사와 연관되어 있다는 그의 주장은 더 이상 평가할 가치가 있을까? 요한계시록 10장은 다니엘서의 예언이 19세기 개신교 시대부터 전 세계에 강력하게 전해질 것을 말해주고 있다는 그의 설교를 들어 보나 마나이지 않을까? 그릇된 전제에서 출발했기 때문이다. 하지만 필자는 다음 장에서 그가 주장하는 바를 더 세밀히 다룰 계획이다. 이유는 그의 주장이 얼마나 궤변인지를 알리기 위해서이다. 요한계시록이 전 기독교 역사를 총망라하고 있다는 그의 주장이 얼마나 억지인지를 밝히기 위해서이다.

2. 다음은 손계문의 요한계시록 강해 17부와 19부를 요약 녹취한 내용이다.

계시록 9장 다섯째 나팔과 여섯째 나팔은 이슬람에 대한 예언인데요 먼저 다섯째 나팔에 이런 내용이 있습니다. "또 전갈과 같은 꼬리와 쏘는 살이 있어 그 꼬리에는 다섯 달 동안 사람들을 해하는 권세가 있더라"(계 9:10). 여기 보니까 다섯 달 동안, 그러니까 성경에서 1일은 1년이고, 한 달은 30일로 계산하죠(민 14:34, 겔 4:6). 그러니까 다섯 달이면 150일 …150년간 이슬람 세력이 유럽을 괴롭힌다는 겁니다. ···1453년에 콘스탄티노플이 함락되어서 동로마 제국이 몰락하게 됩니다. 자 그리고 여섯 번째 나팔이 불리는데요. 15절에 보면요 "네 천사가 놓였으니 그들은 그 년 월 일 시에 이르러 사람 삼분의 일을 죽이기로 예비한 자들이더라."

여러분 여기 여섯 번째 나팔은 오스만 제국에 의한 정복과 전쟁, 살육 그렇게 설명이 되어 있는데 여러분 이 기간이 뭐라고 되어 있어요? 년 월 일 시라고 되어있습니다. ···이게 391년 15일이 되는 겁니다. 오스만 제국의 종말은 ···1840년 8월 11일이 됩니다. ···계시록 9장을 좀 더 자세히 보도록 하겠습니다. ···황충이 머리에 쓴 면류관과 여자의 머리털 같은 머리털은 무슬림이 쓰는 터번으로 생각할 수 있습니다. 메뚜기에게 날개가 있다는 것은 이슬람의 빠른 정복을 나타냅니다. ···이들은 산을 넘을 때 대부분 말을 타고 사방으로 퍼져서 진행하면서 전쟁을 하고 약탈을 했기 때문에 가히 이만 만(계 9:16), 이만 만이면 2억이라는 얘기거든요. 2억 명의 기병대로 보일만 했습니다. 이 때 셀주크투르크가 오스만투르크 제국으로 발전하면서 노련한 기병대들과 대포와 같은 화학 무기를 사용함으로써 콘스탄티노플을 함락시킬 수가 있었습니다. 화약의 주성분이 뭐예요? 유황이거든요. 그리고 화약은 폭발할 때 연기가 나거든요. 이슬람 군대가 싸우는 모습을 묘사하면서 뭐라 했어요? "불과 연기와 유황이 나오더라"(계 9:17)고 한 것입니다 (손계문, 2019년 4월 13일 설교, "요한계시록 강해 17부" https://www. youtube. com).

계시록 10장의 배경은 일곱 교회 중에서 19세기 빌라델비아 교회 시대에 벌어지는 일이면서 우리가 살고 있는 이 마지막 시대와 연결되는 아주 중요한 예언을 마치 릴레이 선수가 바통을 넘겨주는 것처럼 우리에게 전달해주고 있습니다. …여기서 힘센 천사에게 묘사된 내용은 오직 그리스도에게만 적용할 수 있는 얘기죠. 왜냐하면 그 뒤에 이어지는 묘사를 보면 더 분명히 알 수가 있습니다. …이 책은 무엇입니까? …다니엘서를 말합니다. 다니엘서 12장에는 무슨 이야기가 있어요? 마지막 때까지 간수하고 봉함하라. 그런 얘기가 있죠. 그런데 그 책이 드디어 펼쳐지게 되는 것입니다. 여기에 바다와 땅을 밟고 큰 소리로 외친다는 것은 이 펼쳐진 다니엘서의 예언이 계시록 10장의 시대에 전 세계에 강력하게 전해질 것을 말해주고 있습니다(손계문, 2019년 4월 27일 설교, "요한계시록 강해 19부" https://www.youtube. com).

6장

◆

특정 시대 꿰어 맞추기식 해석

6장

특정 시대 꿰어 맞추기식 해석

1. 손계문에 대한 비평

1) 손계문의 주장 요약

손계문이 유튜브 채널 '성서연구원'에 올린 '요한계시록 강해 19부: 요한계시록 10장, 예수님의 이름에 먹칠하지 않는 교회'(2019년 4월 27일)의 주장을 요약하면 다음과 같다.

* 요한계시록 10장은 다니엘서의 예언이 1800년 대 세계 선교 운동이 일어나는 때에 전해질 것을 말한다.
* 요한계시록 10:2의 작은 책은 1798년도와 1844년도와 관계되어 있다.
* 요한계시록 10장은 19세기를 나타내고 요한계시록 11장은 20-21세기를 나타낸다.

2) 손계문의 주장 비판

손계문은 요한계시록 10장에 등장하는 천사의 손에 든 책을 다니엘서로 본다. 하지만 전장에서 살펴본 바와 같이 이 책은 다니엘서가 아니라 요한계시록 5장에서 일곱 인으로 봉해진 것으로 소개된 후 어린 양이 취하여 봉인을 뗐던 그 '책'이다. 첫 단추부터 엉터리로 꿰고 있다.

이것도 모자라 손계문은 요한계시록 10장을 다니엘서가 19세기 개신교 선교역사 시대부터 전 세계로 전파될 것을 나타내는 장면으로 해석한다. 과연 이러한 해석이 요한계시록과 다니엘서를 제대로 반영한 해석일까?

요한계시록 10장의 대략은 이러하다. 손에 펼쳐진 작은 책을 들고 있는 힘센 천사가 사자처럼 부르짖자 동시에 일곱 우레(천둥)가 각각 소리를 내는 장면부터 시작한다(1-3). 요한은 본능적으로 이 우렛소리를 기록하려 했지만 인봉만 하고 기록하지 말라는 음성을 듣고 멈춘다(4절). 이어서 힘센 천사는 일곱째 천사가 나팔을 불면 하나님의 비밀이 지체되지 않고 이루어질 것이라고 선포한다(6-7절). 그 후 요한은 하늘의 음성에 따라 천사의 손에 있는 책을 받아 삼킨 후, 그 첫 맛은 달고 좋았지만 뱃속에서는 무척 썼다는 소감을 남긴다(8-10절). 그때 하늘에서 민족과 나라와 언어와 왕들에게 다시 예언을 시작해야 한다는 음성이 들린다(11절). "다시 예언하여야 하리라."에서 '다시'라는 말이 있는 것은 8-9장의 나팔 심판 예언 다음 그 주제가 10-11장에서 중단되었다가 11:15에서 다시 시작되기 때문이다. 요한이 다시 예언해야 할 메시지는 힘센 천사로부터 받아먹고 소화한 그 책에 관한 내용이다. 요한은 힘센 천사가 속히 이루어질 것이라고 선포한 그 하나님의 비밀에 관해 다시 예언해야 한다. 이것이 10장의 대략이다.

그렇다면 요한계시록 10장이 1세기 독자들에게 가지게 하는 기대는 무엇일까? 요한이 먹고 소화한 그 책에 담긴 메시지에 대한 기대이다. 요한이 민족과 나라와 언어와 왕들에게 다시 예언해야 할 그 메시지에 대한 기대이다. 일곱째 천사가 나팔을 불 때 속히 이루실 하나님의 비밀에 대한 기대이다.

1세기의 교회는 이 기대를 가지고 일곱째 천사가 소리 내는 요한계시록 11:15에 집중한다. 그리고 천사가 나팔을 불자 세상 나라가 그의 그리스도의 나라가 되고 그리스도가 세세토록 왕 노릇 하게 된다는 하늘의 음성을 듣는다.

요한계시록 10장은 독자들로 하여금 이 하나님의 음성 앞에 설 수 있도록 인도한다. 지금은 로마가 세상을 지배하고 있지만 머지않아 그리스도가 통치하는 나라가 도래할 것이라는 음성이다. 지금은 고난의 땅이지만 머지않아 주님이 왕이 되어 통치하는 나라가 될 것이라는 음성이다. 요한계시록의 힘센 천사는 압제받는 1세기 교회를 이 음성 앞에 서도록 한다.

손계문은 이러한 맥락에 무관심하다. 그는 요한계시록 10장 설교에서도 꿰어 맞추기에 몰두한다. 힘센 천사가 들고 있는 책을 무슨 근거로 다니엘서와 동일시하는가? 어떤 이유에서 힘센 천사의 선포를 다니엘서의 예언이 전 세계에 전파된다는 메시지로 이해하는가? "천사가"라는 주어와 "큰 소리로 외치다"라는 동사로 구성된 이 문장에서 어떻게 '다니엘서'가 등장하고, 'AD 1800년'이 등장하고 '개신교 선교 운동'이 등장하는가? 이것은 성경 본문이 무엇을 말하는지 파악하려는 성실한 주해 없이 자기가 미리 정해 놓은 결론을 본문에 대입함으로 생기는 현상이다. 이러한 오역은 미리 할 말을 정해놓았기 때문에 발생한다.

손계문은 왜곡된 성경관을 가지고 있다. 다니엘서의 예언이 감추어져 있다가 1800년 대부터 올바르게 해석되어 전파된다는 주장은 그가 얼마나 삐뚤어진 성서관을 가졌는지 보여준다. 다니엘서의 비밀이 전 세계에 올바르게 소개되는 시점이 1800년 대부터 라는 것은 1800년 대 이전의 그리스도인들에게는 다니엘서가 아무 의미도 없는 책이었다는 말과 동일하다. 이는 1800년대 이전의 그리스도들은 다니엘서를 통해 어떠한 하나님의 가르침도 받을 수 없었다는 말과 일치한다.

성경은 하나님의 자기 계시이다. 하나님은 성경 안에서, 성경을 통해서 자기를 계시하신다. 그런 점에서 하나님은 결코 성경을 감추거나, 닫아두지 않으신다. 그러므로 성령의 내주하심이 있는 모든 그리스도인은 누구나 성경을 통해서 하나님이 주시는 진리를 발견할 수 있다. 성령 하나님은 이 일을 위해서 그리스도인들 가운데 오셨기 때문이다(요 14:26). 여기에 다니엘서도 예외일 수 없다.

성경은 하나님께서 성경을 통하여 자기 백성들을 교훈하며, 책망하며, 의로 교육하며, 온전하게 하여 선한 일을 시키신다고 증언한다(딤후 3:16-17). 그런 하나님이 과연 다니엘서를 2천년 가량 닫아 두셨을까? 결코 그렇지 않다. 성경은 하나님께서 성경을 주신 목적을 예수 그리스도를 통하여 영생을 주시기 위함이라고 증언한다(요 5:39: 20:31). 그런 하나님이 과연 다니엘서가 계시하는 예수 그리스도를 2천년 동안 숨기셨을까? 손계문의 주장은 성경의 원저자의 권위를 심각하게 훼손한다. 성경의 비밀이 일정 기간 감추어져 있다는 주장은 대부분의 사이비 교주들이 즐겨 사용하는 소재이다.

이어서 손계문은 힘센 천사의 손에 있는 책과 다니엘서를 동일시한 후 이 다니엘서가 1798년부터 개봉된다고 주장한다. 이번에는 구체적인 연도를 제시한다. 이 주장을 직접 들어보자.

"다니엘 8:14에 언급된 2300주야 예언의 끝인 1844년을 지목해 주고 있습니다. …다니엘에게 이 예언이 주어질 때 이 예언은 마지막 때가 되어야 개봉될 것이라는 단서가 붙여지면서 그때까지 열지 마라 했습니다. 그러면 마지막 때는 언제부터인가? …이 마지막 때는 교황청이 확립된 AD 586년부터 그리고 1260년의 기간이 지나면 1798년이 되죠. 이 1798년 이후부터가 마지막 때가 됩니다. 여러분 우리는 일곱째 천사가 나팔을 불고 있는 그 시대에 살고 있거든요. 하나님의 비밀이 그 종들에게 이루어지는 시대, 예수님께서 재림하시기 직전의 시대, 이슬람이 세상을 괴롭히는 시대, 나팔을 부는 동안 하늘에서는 재림 전 심판의 사역이 진행되고 나팔이 끝나면 은혜의 시기도 끝나고 일곱 재앙이 내려지는 그 시대에 우리가 살고 있습니다.”

손계문이 언급하고 있는 '마지막 때'는 다니엘 12:4에서 빌려온 말이다. 그는 "마지막 때까지 이 말을 간수하고 이 글을 봉함하라"에서 이 '마지막 때'가 1798년부터 시작된다고 한다. 다시 말하면 다니엘 12:4은 세상 마지막 날의 시작점을 알려주고, 그 마지막 날의 시작점인 1798년부터 다니엘서가 열리기 시작한다는 것이다. 그래서 손계문은 요한계시록 10:2에서는 이러한 다니엘서를 가리켜 마침내 '펴 놓인 책'으로 표현했다는 것이다. 과연 다니엘 12:4이 1789년을 지시하고 있는 것일까?

손계문은 여기서 판독조차 할 수 없는 이상한 소리 하나를 더한다. 직접 들어보자. "계시록 10장에 펴 놓인 작은 책은 다니엘서에 예언된 그 시간, 시기에 관한 말씀이거든요. 그것은 다니엘 8:14에 언급된 2300주야 예언의 끝인 1844년을 지목해주고 있습니다.”

정말 난해한 말이다. 아마 이 말은 다니엘 8:14의 2300주야는

1844년을 가리키는데 이 힘센 천사가 들고 있는 책 안에도 이 1844년도와 관련된 내용이 있다는 것으로 이해하면 될 듯하다. 과연 다니엘서가 정말 1798년도와 1844년도를 지목하고 있는 것일까?

다니엘서는 주전 2세기의 유대인 공동체의 위기에 초점을 맞춘 묵시적 전통을 배경으로 하고 있다. 다니엘서는 헬라의 지배에 저항했던 2세기 유대 공동체를 격려하고 위로하기 위해 기록되었다는 것은 대부분 일치된 견해이다. 다니엘서의 저자는 주전 6세기의 포로기 상황에서 살았던 선지자 다니엘의 예언이 400년이 지난 저자 당대의 시대에 성취되고 있음을 보여줌으로써 자기들을 향한 하나님의 신뢰와 사랑을 확인시킨다. 이방 독재자의 검열을 피하고자 여러 상징적 언어들로 기록되었지만 묵시적 언어에 익숙한 유대인들은 다니엘서를 통해 자기들의 연단 기간이 곧 종식될 것을 알고 고무된다.

다니엘서 8:14의 "2300주야"는 이 묵시적 배경에서 이해해야 한다. 천사는 다니엘에게 2300주야가 지나야 성소가 깨끗하게 될 것이라고 말한다. 2300주야는 1150일 약 6년이 넘는 기간인데, 이 기간은 안티오크스 4세가 유대 땅을 점령하고 성소를 더럽혔던 기간과 일치한다. "매일 드리는 제사를 없애 버렸고 그의 성소를 헐었으며"(단 8:11)라는 문장은 안티오크스 4세가 기원전 167년 12월 8일부터 160년까지 자행했던 성소 모독(마카베오상 4:38) 사건을 가리킨다. 그는 성전에서 매일 드리는 번제를 없애고, 희생 제물을

금지하고, 제우스 신상을 세우고, 돼지 피를 성소에 뿌렸다.[1] 2300
주야는 안티오크스 4세가 성소를 찬탈한 6년 기간을 가리킨다. 따
라서 2300주야와 1844년은 아무 관계가 없다.

"다니엘아 마지막 때까지 이 말을 간수하고 이 글을 봉함하라"(단
12:4)도 역시 묵시적 배경에서 읽어야 한다. 간수하고 봉함하라는
명령은 전형적인 묵시문학적 표현이다. 저자는 400년 전, 곧 주전
6세기에 다니엘이 받은 환상들이 200년 후, 즉 자기 당대에 성취되
기까지 잘 간수되어야 한다고 말한다. 간수한다는 말은 봉함하거나
감추는 것을 의미하지 않는다. 다니엘이 받은 이상들을 잘 간직하
는 기간은 그것이 성취되기까지의 기간이다.[2]

다니엘 12:4의 "마지막 때"는 지구 종말의 때를 가리키지 않는다.
여기에는 그런 종말의 개념은 없다. 1798년이 종말의 원년이라는
주장은 손계문의 사견이다. 1798년과 다니엘 12:4은 아무 관계가
없다. 다니엘서를 다니엘 시대로부터 종말에 이르기까지의 시간표
를 알려주는 책이라고 믿는 사람들은 다니엘서를 통해 종말의 때를
알아내려는 시도에 여념이 없다. 다니엘서를 묵시적 관점에서 읽지
못하면 이런 오역을 범하게 된다.

---

1) John E. Goldingay, 『다니엘』 "WORD BIBLICAL COMMENTARY volume xxx",
   387-388.

2) 위의 책, 396.

손계문은 요한계시록 10장은 19세기를 나타내고 요한계시록 11장은 20-21세기를 나타낸다고 하며 끊임없이 특정 시대와 연관 짓는다. 다음의 설명을 들어보자.

"다니엘서의 예언이 계시록 10장에서 완전히 종결되는 것이 아니라 10장에서 미완성으로, 오늘을 사는 우리들에게 넘겨지고 있습니다. …여섯째 천사는 9장에서 나팔을 불었어요. 그리고 일곱째 천사는 11장에서 나팔을 불기 때문에 10장은 두 나팔 사이에 끼어 있습니다. 여러분 우리는 일곱째 천사가 나팔을 불고 있는 그 시대에 살고 있거든요. 하나님의 비밀이 그 종들에게 이루어지는 시대, 예수님께서 재림하시기 직전의 시대, 이슬람이 세상을 괴롭히는 시대, 나팔을 부는 동안 하늘에서는 재림 전 심판의 사역이 진행되고 나팔이 끝나면 은혜의 시기도 끝나고 일곱 재앙이 내려지는 그 시대에 우리가 살고 있습니다."

손계문은 9장에서 여섯째 나팔을 불었고 10장을 지나 11장에서도 일곱째 나팔을 불게 되는데 바로 이 일곱째 나팔 시기가 오늘날 우리가 사는 시대라고 한다. 더 정확히 말하면 오늘날이 일곱 나팔을 불고 있는 시대 즉 나팔이 진행 중인 시대라는 것이다. 요한계시록 9장은 2세기에서 18세기의 기간을 나타내고, 10장은 그 다음 19세기의 기간을 보여주고, 그리고 11장은 그 다음 20-21세기를 나타낸다는 것이다. 즉 요한계시록이 시간적 순서로 배열되어 있다는 것이다. 하지만 요한계시록은 그러한 구조로 배열되어 있지 않다.

한 가지 예를 들면 9장에는 첫째 나팔에서 여섯째 나팔까지가 등장한다. 그러면 일곱째 나팔이 당연히 10장에 나와야 하는데 일곱째 나팔은 11:15부터 시작한다. 그 사이에 잠시 쉬어가는 막간의 환상 두 개가 배치되어 있다(10-11:1-14). 이는 막간에 등장하는 중간 계시이다. 이와 같은 구조는 인 재앙과 대접 재앙에서도 동일한 패턴으로 반복된다. 인, 나팔, 대접 재앙은 반복과 전진을 거듭할 뿐 시간적 순서에 따라 진행되지 않는다.

요한계시록에는 "이 일 후에"(Μετὰ ταῦτα)라는 표현이 전반적으로 등장한다(4:1; 7:1, 9; 9:12; 11:11; 15:5; 18:1; 19:1). 이 용어는 시간의 전후 관계를 나타내는 말이 아니라 새로운 문단을 시작할 때 관용적으로 사용하는 말이다. 즉 장면이 전환되었음을 나타내는 용어이다. "이 일 후에"라는 문구는 요한계시록이 연대순으로 진행되었거나 혹은 진행될 사건을 다루고 있지 않음을 보여준다.

손계문은 요한계시록이 세계사에 등장했던 기독교 역사를 순서적으로 망라하고 있다고 하며 모든 구절을 톱니바퀴처럼 특정 시대와 연결한다. 요한계시록 10장 해석에서도 그러한 시도를 멈추지 않는다. 그는 특정 구절과 특정 시대를 연결하기 위해 특수한 방법을 동원한다. 본문의 단어나 문장의 의미를 변조해야 하므로 그에 걸 맞는 각종 사진, 영상, 문헌 등을 자료 화면에 올려놓고 그럴듯한 설명을 한다. 이는 이미지를 통해 본문의 의미를 조작하는 방식이다. 또는 본문의 단어나 문장의 의미를 자기에게 유리하게 바꾸기 위해 전혀 관련 없는 성경 구절을 덧입혀 그럴듯한 설명을 가한다. 이 부분에서는 엄청난 비약이 발생한다. 손계문은 이러한 방식으로 요한계시록의 전 구절을 세계사 속에서 일어났던 특정 사건과 특정 연대에 꿰어 맞춘다. 이것이 자기가 세운 결론을 정당화하는 그 만의 방식이다. 하지만 이러한 해석 방법은 본문의 올바른 의미를 전달하기는커녕 기본적은 내용조차 왜곡하는 결과만 불러오게 된다.

2. 다음은 손계문의 요한계시록 강해 19부를 요약 녹취한 것이다.

그 손에는 펴 놓인 작은 두루마리를 들고 그 오른발은 바다를 밟고 왼발은 땅을 밟고 사자가 부르짖는 것 같이 큰 소리로 외치니 그가 외칠 때에 일곱 우레가 그 소리를 내어 말하더라"(계 10:2-3). 자 여러분 이 책은 무엇입니까? …다니엘서를 말합니다. 다니엘서 12장에는 무슨 이야기가 있어요? 마지막 때까지 간수하고 봉함하라. 그런 얘기가 있죠. 그런데 그 책이 드디어 펼쳐지게 되는 것입니다. 여기에 바다와 땅을 밟고 큰 소리로 외친다는 것은 이 펼쳐진 다니엘서의 예언이 계시록 10장의 시대에 전 세계에 강력하게 전해질 것을 말해주고 있습니다. …이 다니엘서가 본격적으로 연구되고 공개되어서 전 세계에 전파된 때는 언제일까요? 그것은 바로 다니엘서에 나오는 2300주야 예언이 해석되면서, 1800년 때 중후반에 일어난 강력한 세계 선교 운동 재림 운동이 일어나는 19세기 빌라델비아 시대인 겁니다. 자 여기 보니까 일곱 우레가 소리를 냈다는 것은 단순히 천둥소리를 말하는 것이 아닙니다. …

여기 보면 왜 (요한에게)기록하지 말라고 했을까요? …그 내용은 이미 다니엘서에 기록되어서 공개되었고 또 이어지는 문맥에서 요한 그 내용을 듣고 기록한 것이 아니라 어떤 사건으로 직접 체험하기 때문에 그것을 기록할 필요가 없는 것이죠. ···계시록 10장에 펴 놓인 작은 책은 다니엘서에 예언된 그 시간, 시기에 관한 말씀이거든요. 그것은 다니엘 8:14에 언급된 2300주야 예언의 끝인 1844년을 지목해주고 있습니다. ···다니엘에게 이 예언이 주어질 때 이 예언은 마지막 때가 되어야 개봉될 것이라는 단서가 붙여지면서 그때까지 열지 마라 했습니다. 그러면 마지막 때는 언제부터인가? ···

이 마지막 때는 교황청이 확립된 AD 586년부터 그리고 1260년의 기간이 지나면 1798년이 되죠. 이 1798년 이후부터가 마지막 때가 됩니다. 마침내 계시록 10장에 예언된 세계 선교와 재림 운동과 관련해서 그리스도께서 다니엘서에 봉함된 부분을 이제는 '펴 놓인 작은 책', 봉함된 것을 펼쳐 놓으심으로, 개봉하심으로 2300주야를 마무리 짓는 것입니다. 다니엘서의 예언이 계시록 10장에서 장엄하게 성취되면서 펼쳐지고 있는 장면입니다. 이 다니엘서의 예언이 계시록 10장에서 완전히 종결되는 것이 아니라 10장에서 미완성으로 오늘을 사는 우리들에게 넘겨지고 있습니다. ···여섯째 천사는 9장에서 나팔을 불었어요. 그리고 일곱째 천사는 11장에서 나팔을 불기 때문에, 10장은 두 나팔 사이에 끼어 있습니다. 여러분 우리는 일곱째 천사가 나팔을 불고 있는 그 시대에 살고 있거든요. 하나님의 비밀이 그 종들에게 이루어지는 시대, 예수님께서 재림하시기 직전의 시대, 이슬람이 세상을 괴롭히는 시대, 나팔을 부는 동안 하늘에서는 재림 전 심판의 사역이 진행되고 나팔이 끝나면 은혜의 시기도 끝나고 7재앙이 내려지는 그 시대에 우리가 살고 있습니다(손계문, 2019년 4월 27일 설교, "요한계시록 강해 19부" https://www.youtube. com).

7장

◆

프랑스 대혁명 예언으로
비약한 계시록 11장 해석

7장

프랑스 대혁명 예언으로 비약한
계시록 11장 해석

1. 손계문에 대한 비평

1) 손계문의 주장 요약

손계문의 설교 '요한계시록 강해 20부: 요한계시록 11장, 누가 두 증인인가? | 여신숭배와 마지막 시대(2019년 5월 4일)'를 요약하면 다음과 같다.

* 요한계시록 11:1은 예수가 재림 전에 의인들을 인치는 조사심판에 대한 묘사이다.
* 요한계시록 11:2은 교황청을 예언한다.
* 요한계시록 11:3의 두 증인은 신구약 성경을 가리킨다.
* 요한계시록 11:7-12은 프랑스 대혁명에 대한 예언이다.

2) 손계문의 주장 비판

손계문은 요한계시록 11:1을 예수께서 지상에 재림하기 전에 하늘 성소 첫째 칸에서 의인들을 인치는 조사위원회가 단행하는 심판에 대한 묘사라고 주장한다. 그는 "내게 지팡이 같은 갈대를 주며 말하기를 일어나서 하나님의 성전과 제단과 그 안에서 경배하는 자들을 측량하되"(11:1)에서 "하나님의 성전"을 하늘 성소 첫째 칸으로, '측량'을 '심판'으로 본다. 그리고 이 둘을 조합해서 이 구절을 예수께서 지상에 재림하기 전 하늘 성소 첫째 칸에 임하여 의인과 악인을 판별하는 조사심판 장면이라고 정의한다. 과연 요한계시록 11:1이 그러한 심판을 주제로 삼고 있을까?

"내게 지팡이 같은 갈대를 주며"에서 '나'는 요한이다. 이는 요한이 누군가에게서 지팡이 같은 갈대를 받았다는 사실을 나타낸다. 지팡이 같은 갈대는 측량을 위한 도구로써 '갈대자'를 뜻한다. 여기서 측량하다(μέτρησον)는 문맥상 보존하다 혹은 보호하다의 의미이다 (겔 40:1-42:20; 렘 31:39; 슥 2:1-5 참고). 이 장면은 환란 가운데 있는 1세기의 교회들을 반드시 보호하겠다는 하나님의 의지를 나타낸다. 이 장면은 예수께서 재림 전에 하늘 성소 위원회에서 의인의 혜택을 받을 사람을 가려내는 조사심판을 단행했다는 내용을 전혀 내포하고 있지 않다.

조사심판은 안식교의 공식입장이다. 즉, 안식교의 대표적인 교리이다. 2천년 세계 교회사에서 조사심판을 공식 교리로 두고 있는 단체는 안식교가 유일하다. 조사심판은 1844년 10월 22일에 기다리던 재림이 일어나지 않자 말을 바꾸어 이날에 예수께서 이 땅이 아닌 하늘 지성소로 들어가서 구원받을 자격이 있는 사람들을 가려냈다는 교리이다.[1] 이 교리가 손계문의 설교에서 왜 자주 발견되는 것일까?

손계문은 요한계시록 11:2을 중세 시대를 지배했던 가톨릭의 교황청을 예언한 장면이라고 해석한다. 그는 "성전 밖 마당은 척량하지 말고 그냥 두라. 이것을 이방인에게 주었은즉 저희가 거룩한 성을 마흔 두 달 동안 짓밟으리라"(11:2)에서 이방인은 완전히 안 믿는 사람이 아니라 성전 마당까지는 들어온 자이기에 하나님도 믿고 이교신도 섬기는 어중간한 사람이라 정의한다. 그리고 이 이방인을 가톨릭의 교황청을 가리킨다고 단정한다.

더 나아가 손계문은 '마흔 두 달'을 1260년으로 계산하여 이를 가톨릭의 교황청이 중세의 그리스도인들을 핍박한 기간이라고 주장한다. 과연 이 '이방인'이 가톨릭의 교황청과 동일시 될 수 있는 대상일까?

1절과 달리 2절은 성전 밖 마당은 측량하지 말라는 천사의 후속 명령이다. 성전 밖 마당은 이방인의 뜰로 성소 바깥에 위치하지만,

---

1) 탁명환, 『기독교 이단 연구』, (서울: 국제종교문제연구소, 1986), 247.

여전히 성전 안의 장소이다. 그러므로 성전 밖 마당도 교회를 나타낸다. 말하자면 1절의 '성전 안'도 교회를 상징하며 2절의 '성전 마당'도 교회를 의미한다. 이 장면은 이방인에 의해 교회가 '마흔 두 달' 동안 짓밟히게 될 것을 보여준다. '마흔 두 달'이라는 용어는 묵시문학의 전형적인 숫자로 매우 짧은 기간을 상징한다. 마흔 두 달은 악이 마음대로 활개치도록 허락된 짧은 기간을 상징하는 수이며 다니엘 7:25, 12:7에서 유래되었다.[2]

이 장면은 로마 제국의 치하에 있는 1세기의 교회들이 당하는 고난의 기간이 매우 한시적이고 제한되어 있음을 보여준다. 이 장면은 AD 538부터 1798까지의 가톨릭의 교황청을 나타내지 않는다. 손계문은 여기에서도 요한계시록을 특정 시대에 꿰맞추려는 시도를 집요하게 이어간다.

손계문은 요한계시록 11:3의 '두 증인'을 가리켜 가톨릭의 교황청에 의해 1260년 동안 짓밟혀온 중세의 암흑 기간에도 그 시대의 불을 밝혀온 신구약 성경을 가리킨다고 주장한다. 그는 이를 증명하기 위해 두 증인이 무엇인지를 암시하는 4절의 두 감람나무와 두 촛대를 언급한다. 그리고 감람나무는 등불을 밝히는 기름을 제공하는 나무라고 하며, 성경을 '등불'로 묘사한 시편 119:105을 끌어들

---

2) David E. Aune, 『요한계시록 6-16』 "WORD BIBLICAL COMMENTARY volume 52B", 437-438.

여 대입하고 두 감람나무와 촛대를 성경이라고 결론 내린다. 과연 이것이 정상적인 성경 해석인가?

손계문은 두 감람나무와 두 촛대를 스가랴 4장이 배경이라는 말은 하지만 막상 스가랴 4장에 대한 분석은 시도하지 않고 오히려 감람나무에서 나오는 기름 이야기와 이 기름으로 불을 밝히는 등불 이야기를 한다. 그리고 느닷없이 성경을 등불로 비유하는 시편을 끌어들여 대입하여 두 감람나무와 두 촛대를 구약 성경과 신약 성경이라고 확정한다. 감람나무와 촛대를 언급하는 요한계시록 11:3의 내용은 정밀하게 분석하지 않고 하등상관 없는 기름과 등이라는 소재를 끌어들여 두 증인과 성경을 동일시해버린다. 이러한 손계문의 성경 이해가 정상적일까?

요한계시록 11:3은 '두 증인'을 가리켜 두 감람나무와 두 촛대라고 함으로, 두 증인이 누구인지에 대한 단서를 제공한다. 감람나무는 손계문의 말대로 스가랴서를 배경으로 한다. 스가랴 선지자는 순금으로 된 촛대와 감람나무 환상을 보았다(슥 4:1-14). 이 환상에 등장하는 두 감람나무는 여호수아와 스룹바벨을 상징한다. 이 환상은 이 두 사람이 파괴된 성전을 장차 재건축할 것을 보여준다. 스가랴서는 두 감람나무에 비유되었던 여호수아와 스룹바벨은 성전(교회)과 관계있는 인물로 묘사한다.

요한계시록 11:3은 스가랴서의 모티프를 인용하여 두 촛대와 두 감람나무를 교회(성전)를 상징하는 것으로 나타낸다.[3] 일곱 촛대가 일곱 교회라는 사실은 요한계시록 1:20에서도 알려주었다. 두 증인(3절) 곧 두 촛대와 두 감람나무(4절)는 모두 교회 공동체를 상징한다. 증인 앞에 붙은 '두' 즉 '2'라는 숫자는 증인의 수이다(신 17:6; 19:15 참고). 두 증인은 '증언하는 교회'이다. 두 증인이 굵은 베옷은 입었다는 것은 교회의 사역의 속성을 말한다. 굵은 베옷은 회개 시에 입는 옷이다(왕하 1:8; 렘 4:8; 욜 1:13 참고).

종합해 볼 때 두 증인은 세상을 향해 회개를 촉구하는 교회이다. 교회가 이 사명을 다할 때 능력이 뒤따른다. 하늘을 닫아 비가 오지 못하게 했던 엘리야의 표적과 물을 피로 변하게 했던 모세의 표적이 뒤따른다(5-7절). 두 증인은 성경이 아니라 교회를 가리킨다.

손계문은 연기에도 능숙하다. 그는 자신이 매우 학문성을 갖춘 사람인 것처럼 보이도록 하는 데 능란하다. 두 감람나무와 두 촛대를 스가랴 4장과 연관되어 있다고 말한 대목에서도 그 점을 볼 수 있다. 그가 스가랴 4장을 언급했을 때 스가랴 4장을 해부하여 스가랴 선지자의 언어를 통해 감람나무와 촛대가 무엇인지 설명할 줄 알았다. 그런데 그렇게 던져만 놓고 스가랴서 주해는 뒷전으로 하고 감람나무를 짜면 나오는 기름 이야기만 한다. 그리고 이 기름 소재를 시편 119:105과 연결해 자기 주장을 고수한다. 스가랴 4장을 언급

---

3) 박수암, 151-152.

한 것은 일종의 기만 행위였다.

계속해서 그의 주장을 들어보자. 손계문은 요한계시록 11:7-12 을 AD 1789년에 발생한 프랑스 대혁명에 관한 예언이라고 주장한 다. 그의 주장을 직접 들어보자. "이 두 증인(성경)이 공산주의 세력 으로부터 처참하게 짓밟히는 그런 인류 역사가 등장합니다. 7절부 터요. …무저갱으로부터 올라온 짐승이 성경을 완전히 박살을 내 고 죽이는 그런 처참한 역사가 벌어집니다. …1789년에 일어난 프 랑스 혁명이 바로 그것인데요. …11장 10절입니다. …이 두 선지 자는 앞서 말했듯이 구역 성경과 신약 성경입니다. 방금 읽었던 말 씀처럼 시민들은 곳곳에 있는 성경들을 찾아내서 될 수 있는 대로 모멸적인 태도를 보이면서 침을 뱉고 발로 짓밟고 불에 태웠고 … 그리고 이 공포 시대 동안 아주 희한한 일을 하나합니다. 1793년 11월 26일 프랑스에는 성경을 금하는 법을 만들어서 공포를 했습 니다. …9절과 11절입니다. …여기 보니까 성경이 삼일 반 동안 죽었다가 다시 살아났다고 되어 있습니다. …1797년 7월 17일 성 경을 의회에서 다시 회복시킵니다."

손계문은 7절에서 '짐승'이 일으킨 전쟁을 AD 1789년에 발생한 프랑스 대혁명으로, 10절에서 사람들이 두 증인의 죽음을 보고 기 뻐한 것을 AD 1793년의 성경 금지법으로, 11절에서 두 증인에게 생기가 들어간 것을 AD 1797년 프랑스 의회에서 성경을 다시 회 복시킨 일로 본다. 말하자면 요한계시록 11:7-12의 장면들이 프랑스 대혁명 때에 일어날 사건들, 특히 성경의 존폐와 관련된 예언이라는 것이다. 손계문은 요한계시록 11장 해석에서도 누누이 실패한 특정 시대와의 연계를 또 시도한다.

"그들이 그 증언을 마칠 때에 무저갱으로부터 올라오는 짐승이 그들과 더불어 전쟁을 일으켜"(7절)에서 무저갱에서 올라온 짐승은 요한계시록을 읽는 독자들에게 익히 알려진 존재이다. 왜냐하면 짐승 앞에 토(τò)라는 정관사에 있기 때문이다.[4] 요한계시록을 읽고 있는 독자들이 다 알고 있는 바로 '그 짐승'이라는 것이다. 그렇다면 당시 독자들이 프랑스라는 나라와 프랑스 대혁명을 알고 있었을까? 그럴 가능성은 전혀 없다. 왜냐하면 프랑스는 요한계시록 당시에 존재하지도 않는 나라였기 때문이다. 이 지점에서 손계문의 주장은 설자리가 없어진다.

이 짐승은 두 증인(교회)의 사역이 끝날 즈음에 나타난다. 그리고 이 짐승은 전쟁을 일으키고 그들을 이기고 죽인다. 이는 복음을 증언하는 증인들의 순교를 암시한다. 짐승에게 죽임을 당한 두 증인의 시체가 대로에 마구 버려진다(8절). 그들의 시체는 소돔과 애굽으로 비유된 큰 성 로마의 대로 위에 널브러져 있다. 두 증인의 시체를 조롱하며 구경하던 사람들은 사흘 반 동안 그 시체들을 방치하며 무덤에서 장사하지 못하게 한다(9절). 복음을 전파했던 두 증인

4) 위의 책, 448.

의 시체를 매장하지 못하게 함으로 그 죽음을 더 모독한다. 그러나 요한은 삼일 반 후에 하나님의 생기가 들어가 부활하여 구름을 타고 하늘로 올라가는 두 증인을 목격한다(11-12절).

요한계시록 11장에 등장하는 무저갱의 짐승은 로마 제국이라는 큰 악의 축 중 하나다. 이 두 증인이 짐승에게 죽임을 당하는 것은 교회가 세상을 향하여 회개를 촉구하는 증언 사역을 감당할 때 필연적으로 악의 세력의 저항을 받게 된다는 사실을 죽음이라는 극단적 상황을 통해 묘사된 것이다.

두 증인이 구름을 타고 하늘로 올라가는 장면은 비록 교회가 핍박과 환란을 받지만 궁극적으로 얻을 영광을 나타낸다. 이는 "이기는 그에게는 내가 내 보좌에 함께 앉게 하여 주기를 내가 이기고 아버지 보좌에 함께 앉은 것과 같이 하리라"는 요한계시록 3:21의 성취이기도 하다.

하지만 손계문은 이러한 요한계시록 11:7-12이 프랑스에서 발생한 1789년도, 1793년도, 1797년도의 사건들을 다룬다고 생각한다. 그는 이 구절에 등장하는 몇 개의 단어를 뽑아낸 뒤 프랑스 대혁명을 연상하도록 돕는 간단한 설명을 거친 후 프랑스 대혁명과 관련된 각종 자료(문헌, 그림, 사진)를 담은 영상들을 대거 보여주는 방식으로 이를 증명한다. 성전, 측량, 감람나무, 촛대, 두 증인, 짐승, 생기 등에 대한 단편적인 해석들을 모자이크처럼 연결하고, 영상을 동원하여 자기 입장을 최종 확정 짓는 방법이다. 이는 특정 구절의 이미지를 왜곡하는 그 만의 방식이다. 이는 올바른 성경 해석 방법이 아니다.

이러한 손계문이 개신교회 설교자들을 비웃고 매도한다. 그가 설교한 요한계시록 강해 20부의 결론 부분을 들어보자.

"여러분 우리는 성경을 편안하게 가지고 있습니다. 그리고 성경을 믿습니다 라고 말하고 있습니다. 그런데 실제로는 성경을 무시하고 외면하고 있는 그 아이러니한 사실을 아십니까? 하나님을 믿는다 말하는 사람들의 마음이 죄악적이기 때문에 성경의 참 진리를 원하지 않습니다. …자신의 욕망을 방해하기 때문에 적당히 믿기를 원합니다. 그러므로 사탄은 그런 사람들이 좋아하는 속임수를 교회의 설교를 통해서 제공합니다. 이렇게 기독교는 망하고 말 것인가? … 사탄은 지도자들의 마음을 지배하면서 자기 뜻대로 사람들에게 영향을 줄 수 있게 됩니다. …여러분 누가 거짓 교사일까요? 누가 거짓 선지자일까요? 성경에는 거짓 교사들에 대한 정보가 충분히 주어져 있음에도 불구하고 그냥 자신들의 영혼을 그냥 성직자들에게 맡기고자 하는 신자들이 대다수입니다. …우리의 영혼을 그런 목사들에게 맡겨도 될까요?"

손계문은 자신은 수많은 오독과 오역을 남발하면서도 개신교회 목회자의 설교를 사탄의 지배를 받고 있는 설교로 매도하고, 그들을 삯군, 거짓 선지자, 거짓 교사 취급을 한다. 여기에 수많은 '좋아요'와 칭찬 일색의 댓글들이 달린다. '11시 성경연구원' 채널을 구독하고 있는 이러한 시청자들이 매주일마다 듣는 자기 교회의 설교에 어떤 반응을 보일지 불을 보듯 뻔하다. 손계문은 이러한 멘트를 매 설교 때마다 거침없이 쏟아낸다. 이는 그가 어떤 정체성을 가진 자이며 어떤 야망을 품은 자인지 분명히 보여준다.

  성경 해석에서 필수는 건전한 기독교 신학이 바탕이 된, 성실한 연구와 주해이다. 손계문은 개신교를 사탄이 지배하고 있는 집단으로 매도하기 이전에 자기가 몸담고 있는 교단을 살펴야 한다. 자기가 속한 교단이 건전한 신학적 바탕에 서 있는지, 거기에 대해 현대 교회사는 어떤 평가를 내리고 있는지 살펴야 한다. 손계문은 개신교의 설교를 거짓 가르침으로 매도하기 전에 자기 설교를 먼저 살펴야 한다. 자기 안에 건전한 신학적 토대가 형성되어 있는지, 그리고 그 바탕 위에 성서 해석의 기본 원칙을 준수하는 연구가 있는지 살펴야 한다. 단어나 문장을 모자이크처럼 연결하는 짜깁기식 해석은 성경 해석이라 할 수 없다.

2. 다음은 손계문의 요한계시록 강해 20부를 요약 녹취한 것이다.

계시록 11장 1절을 보도록 하겠습니다. …척량한다는 것은 하나님의 심판을 말하는 것이거든요. 누구를 심판하느냐? 하나님의 백성들에 대한 심판입니다. …이 제단은 성소 첫째 칸에서 심판을 하는 장면입니다. 첫째 칸에서 심판이 벌어지는데 …멸망시키기 위한 심판이 아니라 우리의 유일한 중보자이신 그리스도께서 하늘 성전에서 의인들을 인 치시는 재림 전의 심판입니다. 그 재조사위원회에서 하나님의 백성들을 신원해주는 심판의 장면이 지금 벌어지고 있는 겁니다. 2절입니다. "성전 밖 마당은 척량하지 말고 그냥 두라. 이것을 이방인에게 주었은즉 저희가 거룩한 성을 마흔두 달 동안 짓밟으리라" …이방인은 하나님을 믿는다고 하면서도 실제로는 이교신을 섬기는 사람, 그리고 그들이 어떻게 한다고요? 마흔두 달 동안 성도들을 박해할 것이라고 예언되어 있습니다. …

여기 딱 맞는 존재는 교황청밖에 없습니다. 여기 아주 익숙한 숫자가 나왔죠? 마흔두 달은. …1260일…1260년 이겠죠. 1일은 1년이니까…AD 538부터 1798년까지 중세 교황청이 그리스도인을 핍박한 기간입니다. …3절과 4절입니다. …두 증인 두 감람나무와 두 촛대라고 했습니다. 이것은 구약성경 스가랴 4장에 나오는 장면이거든요. …감람나무는 감람유 기름을 제공하는 기름의 원천이 되는 나무구요, 촛대는 그 기름으로 불을 밝히는 것입니다. 그렇다면 두 증인은 1260년의 암흑기간 동안 감람유와 촛대처럼 계속해서 불을 밝혀왔다는 것을 알 수 있습니다. …베옷을 입었습니다. 여러분 베옷은 상복이에요. 슬픔과 고난을 나타낼 때, 깊이 회개할 때 베옷을 입는다고 성경에 나오고 있거든요. …성경의 진리를 담대히 전하는 사람들이 고문을 받고 감옥에 갇히고, 순교를 당하고, 또 깊은 산속과 동굴에 파묻혀 살 수밖에 없는 그런 처지가 되었을 때 이 충성된 두 증인이 그 베옷을 입고 슬피 울면서 예언했습니다. …

그 어두움의 시대에 슬픔과 그 고통의 시대에 우리에게 끊임없이 어두움을 밝혀주는 등대이며 빛이 되어주는 것이 무엇이었을까? 여러분 시편에 보면 "주의 말씀은 내 발이 등이요 내 길에 빛이니이다"(시 119:105)라고 말씀하신 것처럼 ⋯그러므로 두 증인은 구약성경과 신약성경을 말합니다. ⋯그런데 이 두 증인이 공산주의 세력으로부터 처참하게 짓밟히는 그런 인류 역사가 등장합니다. 7절부터요⋯무저갱으로부터 올라온 짐승이 성경을 완전히 박살을 내고 죽이는 그런 처참한 역사가 벌어집니다. ⋯1789년에 일어난 프랑스 혁명이 바로 그것인데요. ⋯11장 10절입니다. ⋯이 두 선지자는 앞서 말했듯이 구역성경과 신약 성경입니다. 방금 읽었던 말씀처럼 시민들은 곳곳에 있는 성경들을 찾아내서 될 수 있는 대로 모멸적인 태도를 보이면서 침을 뱉고 발로 짓밟고 불에 태웠고⋯그리고 이 공포 시대 동안 아주 희한한 일을 하나합니다. 1793년 11월 26일 프랑스에는 성경을 금하는 법을 만들어서 공포했습니다. ⋯9절과 11절입니다. ⋯여기 보니까 성경이 삼일 반 동안 죽었다가 다시 살아났다고 되어 있습니다. ⋯1797년 7월 17일 성경을 의회에서 다시 회복시킵니다(손계문, 2019년 5월 4일 설교, "요한계시록 강해 20부" https://www.youtube. com).

8장

◆

바다 짐승은 로마 가톨릭,
땅 짐승은 미국이라는 13장 해석

8장

바다 짐승은 로마 가톨릭,
땅 짐승은 미국이라는 13장 해석

1. 손계문에 대한 비평

1) 손계문의 주장 요약

손계문이 2019년 6월 29일 유튜브 채널 성서연구원에 올린 요한계시록 강해 24부의 주장을 요약하면 다음과 같다.

* 요한계시록 13장의 바다에서 나온 짐승은 로마 가톨릭이고, 땅에서 나온 짐승은 미국이다.
* 사탄의 3인조(사탄, 교황, 미국)가 마지막 때 전 세계의 왕들을 아마겟돈에 집결시켜 하나님의 백성을 핍박한다.
* 십계명을 지키고 예수님이 가진 믿음을 가진 하나님의 증인들은 하나님의 인을 받는다.

* 율법을 무시하고 한번 받은 구원은 영원하다고 믿는 교인은 짐승의 표를 받는다.

* 사탄이 속이는 방법은 이적인데, 이 이적은 교회에서 가장 많이 일어난다.

2) 손계문의 주장 비판

손계문은 요한계시록 13장에서도 본문을 특정 시대와 연결하는 기이한 해석을 이어간다.

그는 먼저 '바다에서 올라온 짐승'(1절)을 로마 가톨릭으로, '땅에서 올라온 짐승'을 미국으로 전제한다. 그리고 이 전제에 맞추어 13장의 여러 요소에 대한 구체적인 해석을 시도한다. 요한계시록 13장은 1260년 동안 성도들을 괴롭혔던 로마의 가톨릭을 나타내고, 이 1260년의 기간이 끝날 무렵에 탄생한 미국을 나타낸다고 설명한다. 과연 요한계시록 13장에 대한 이러한 손계문의 설명이 성경의 지지를 받을 수 있을까?

바다에서 올라온 첫 번째 짐승은 가톨릭의 교황이 아니라 네로 황제를 상징한다. "그의 머리 하나가 상하여 죽게 된 것 같더니 그 죽게 되었던 상처가 나으매"(3절)라는 문장은 네로 황제의 귀환을 소재로 한 이야기와 밀접한 관계가 있다. 즉 자살로 생을 마감한 네로가 환생하여 다시 나타난다는 설과 관련 있다. 바다에서 올라온 짐승이 네로를 상징한다는 사실은 요한계시록 13:18이 확정해 준다.

이 구절을 「현대인의 성경」으로 읽어보면 "총명한 사람은 그 짐승의 숫자를 세어 보십시오. 그 숫자는 사람의 이름이며 666입니다"이다. 여기서 '숫자'가 곧 '사람의 이름'이라는 사실을 주목해야 한다. 육백육십육이라는 수가 바다에서 올라온 짐승의 이름이라는 것이다.

요한계시록이 기록될 당시에 철자마다 수가 있었고 게마트리아라는 관습에 따라 사람의 이름을 부를 때 수로 표현을 했다. 헬라어로 된 네로 황제 이름을 히브리어로 음역해서 히브리어로 된 철자의 수를 합하면 육백육십육이 나온다. 바다에서 올라온 짐승 곧 육백육십육은 네로 황제를 가리킨다.[1] 이 짐승이 교황이라는 손계문의 주장은 사실이 아니다.

그렇다면 땅에서 올라온 짐승은 손계문의 주장처럼 과연 미국일까? 이 짐승의 특징은 다음과 같다. 용의 대리자처럼 말을 하고 첫째 짐승 즉 바다에서 올라온 짐승에게서 받은 모든 권한을 행사하고 있고 첫째 짐승을 숭배하는 일을 조장한다(11-12절). 그리고 하늘에서 불이 내려오게 하는 이적을 행하고 첫째 짐승을 숭배하도록 그의 형상을 만든다(13-14절). 이 형상을 숭배하지 않는 자는 처형하고 숭배하는 자에게는 이마와 오른손에 표를 받게 한다(13-18

---

1) M. Eugene Boring, 『요한계시록』, 소기천 역.(서울: 한국장로교출판사, 2011), 236-238.

절). 한눈에 봐도 이 짐승은 '종교적 제의'와 연관되어 있는 존재라는 것을 알 수 있다.

당시 소아시아 전 지역에는 황제 예배가 있었고 이를 관장했던 제사장들이 있었다. 황제 예배가 처음 행해진 곳은 AD 29년 버가모 지역이었지만 이후로는 전역으로 확장되었다.[2] 황제 예배는 당시 교회에 큰 위협이 아닐 수 없었다. 이 제사장들은 황제 예배에 참여한 자에 한해서는 조합원의 자격을 주어 정상적인 매매를 할 수 있도록 했지만, 거부하는 자에게는 그러한 자격을 주지 않았으므로 경제적으로 큰 타격을 입을 수밖에 없었다.[3]

AD 1세기에서 3세기까지 보존된 그림 중에 신격화된 황제의 흉상을 붙이고 황제 숭배를 주관했던 제사장들의 모습이 그려져 있다. 땅에서 올라온 두 번째 짐승은 황제 예배를 추진하고 조장했던 로마의 제사장들을 상징한다.[4] 이 짐승은 미국이 아니다.

그렇다면 요한은 무슨 이유로 황제와 사제를 상징하는 두 짐승을 담은 편지를 소아시아의 교회에 보냈을까? 첫 번째 이유는 짐승이라는 이미지를 통해 당시 교회를 위협했던 악의 세력의 포악성을

---

2) 박수암, 180-181.

3) David E. Aune, 『요한계시록 6-16』, 692-693.

4) 위의 책, 673-674.

전달하기 위해서이다. 두 번째 이유는 이 두 짐승에 포위당한 교회의 냉혹한 현실을 보여주기 위해서이다. 동시에 이 짐승들에게 굴복하지 않고 굳건히 절개를 지킬 것을 권고하기 위해서이다. 이러한 배경에 대한 이해 없이 요한계시록 13장을 설명하는 것은 불가능하다.

손계문은 2019년 6월 29일 '요한계시록 강해 24부' 설교에서 요한계시록 1장부터 13장까지는 연대기적인 순서에 따른 역사적인 기록이지만 15장부터 22장까지는 마지막 시대에 일어날 실질적인 사건을 취급하는 기록이라며 16장 이야기를 시작한다. 그의 첫 번째 주제는 아마겟돈 이야기이다. 아마겟돈은 일곱 개의 대접 재앙 가운데 여섯 번째 대접 재앙에 속한다(16:12-16).

손계문은 '사탄'과 '교황청'과 '미국'으로 구성된 3인조 세력이 장차 전 세계의 왕들을 아마겟돈에 집결해 하나님의 백성을 핍박하는 일이 있을 것이라는 소설 같은 주장을 한다. 말하자면 여섯 번째 대접 재앙의 내용이 이러한 시나리오라는 것이다. 그의 이야기를 직접 들어보자.

"용은 사탄입니다. ⋯⋯짐승은 교황청입니다. ⋯⋯거짓 선지자는 미국으로 대표되는 배도한 개신교회입니다. 이 사탄의 3인조는 ⋯⋯ 전 세계의 왕들을 아마겟돈으로 모읍니다. 왜 모아요? 재림 전에 마지막으로 그의 세력을 총 집결해서 하나님께 대적하려는 겁니다."

손계문은 이런 일이 일어날 시기까지 언급한다. 그는 요한계시록 17:16을 끌어들여 교황을 따랐던 사람들이 교황이 사기꾼임을 알고 마침내 지지를 철회하는 그때를 기점으로 이 사탄의 3인조는 전세계의 왕들을 꾀어 하나님의 백성을 핍박하기 위해 아마겟돈으로 집결하는 일이 일어난다고 주장한다.

손계문은 전 세계의 친 교황주의자들이 로마 교황에 대한 지지를 철회하고 등을 돌리는 이 사건이 '유브라데 강이 마르는 사건'(16:12)이라고 한다. 과연 유브라데 강의 마름이 그런 의미를 지니고 있으며, 유브라데 강과 요한계시록 17:16이 그러한 관계로 연결될 수 있는 것일까?

당시 유브라데 강은 로마의 동쪽 국경지대에 있는 강으로써, 강건너편에 '파르티아'라는 나라가 있었다. 로마와 영토문제로 긴장관계에 있었던 파르티아는 유브라데 강을 건너 BC 53년과 AD 62년에 로마를 침공하여 큰 패전을 안겨 주었다.[5] 이러한 트라우마로 파르티아 군대는 로마인에게는 공포의 대상이었다. 유브라데 강의 마름은 이러한 파르티아 군대가 침공할 수 있음을 알려주는 경고의 메시지가 된다. 즉 로마의 방어선이 무너졌음을 의미한다.[6] 거대한 악의 세력인 로마 제국이 패망에 이를 수 있는 정황을 보여주는 이

---

5) 위의 책, 903-905.

6) 박수암, 211-212.

장면은 로마로부터 고난받고 있는 소아시아 교회 입장에서는 매우 기쁜 소식이 아닐 수 없다. 유브라데 강이 말랐다는 표현은 교황 이야기와는 아무 관계가 없다. 유브라데에 대한 당시의 배경과 맥락을 이해하지 못하면 손계문과 같은 소설가가 나온다.

아마겟돈 이야기로 다시 돌아가자. 요한계시록 16:12-16이 과연 사탄의 3인조 곧 사탄과 교황청과 미국의 계략에 넘어간 전 세계의 왕들이 하나님의 백성을 대적하기 위해 아마겟돈에 모이는 장면일까? 여섯 번째 대접 재앙을 구체적으로 살펴보자.

여섯째 천사가 대접을 유브라데 강에 쏟자 강물이 말라서 동방에서 오는 왕들의 길이 예비된다(12절). 이 장면은 로마로 진격해오는 공포의 파르티아 군대를 연상시킨다. 그리고 개구리 같은 더러운 세 영이 나와서 하나님의 심판 날에 있을 전쟁을 위하여 아마겟돈이라는 곳으로 왕들을 집결한다(13-16절). 아마겟돈은 어원적으로 '하르+므깃도'로 구성된다. 하르는 산이라는 뜻이며 므깃도는 가나안 동맹군이 드보라와 바락에 의해 패배했던 장소이며(삿 4:6-16; 5:19), 미디안 족속이 기드온에게 패배했던 장소이며(삿 7장), 버림받은 왕 사울이 패배한 장소이다(삼상 29:1; 31:1-7).

스가랴 선지자는 하나님을 배반했던 이스라엘 백성의 애통을 므깃도 골짜기에서 있었던 애통과 비교한다(슥 12:11-14). 하르와 므깃도를 어원으로 하는 '아마겟돈'은 만국을 이끌어내어 전쟁을 일으

키려는 용과 짐승과 거짓 선지자를 심판하는 장소이다. 아마겟돈은 하나님을 대적하는 불경건한 자들이 심판받는 장소를 상징한다. 아마겟돈은 하나님을 대적하는 원수들이 멸망하는 장소를 상징한다. 그 하나님의 심판은 우주적이며 종말적이다.[7] 여섯째 대접 재앙은 다가올 종말적 심판이 파르티아의 침공으로 인한 악의 세력 즉 로마 제국의 멸망으로부터 시작됨을 보여준다. 아마겟돈은 이 거대한 악의 세력이 멸망하게 될 것을 암시하는 키워드이다.

요한계시록 16:12-16은 교황을 따랐던 사람들이 교황이 사기꾼임을 알고 지지를 철회할 즈음에 사탄과 교황과 미국이 합세해서 하나님의 백성을 핍박한다는 내용을 포함하고 있지 않다. 손계문이 쓰고 있는 시나리오는 악의 세력에 대한 심판을 이야기하는 대접 재앙과 아무 관련이 없다. 요한계시록의 배경과 맥락에 대한 이해 없이 요한계시록을 설교하니 이런 장황한 소설을 쓰고 있는 것이다.

손계문은 더 나아가 이 마지막 전쟁이 벌어지는 때에 하나님의 인을 맞을 자와 짐승의 표를 받을 자가 분류된다고 한다. 그는 하나님의 인을 맞을 사람은 율법도 지키고 그리스도도 믿는 자이며, 짐승의 표를 받을 사람은 그리스도는 믿지만 율법을 지키지 않는 자라고 주장한다. 복음을 믿고, 모세의 율법을 준수하는 사람은 하나님의 인을 맞을 자이고, 율법은 지키지 않으면서 복음만 믿는 자는 짐

---

7) David E. Aune, 『요한계시록 6-16』, 913-914.

승의 표를 받을 자라는 것이다. 그리고 이 짐승의 표를 받을 대상에 한 부류를 더 추가한다. 예수를 믿어도 한번 받은 구원은 영원하다는 신념을 가진 그리스도인을 추가시킨다. 이 추가된 부류는 장로교회 교인을 염두에 둔 것이 분명하다. 과연 이러한 손계문의 주장이 요한계시록의 증언뿐 아니라 성경의 가르침과 일치하는가? 과연 예수님을 믿어도 율법을 지키지 않으면 짐승의 표를 받게 된다고 가르치는 설교자가 안전한 자인가?

하나님의 종들의 이마에 인을 친다는 표현이 있는 요한계시록 7:1-3은 인을 받는 조건을 명시하고 있지 않다. 에베소서 1:13은 그리스도를 믿는 자들에게 하나님이 이를 확인하는 '인'(표)으로 약속하신 성령을 주신다고만 기록할 뿐 성경 그 어디에도 하나님의 인을 받는 조건을 명시하고 있지 않다. 도대체 손계문은 어디에서 그런 황당한 말을 가져왔을까?

이마나 손에 짐승의 표를 받는 것을 언급하고 있는 요한계시록 14:9에도 단지 짐승의 표를 받는 자는 짐승과 우상에게 경배한 자들이라고만 한다. 물론 우상에게 경배한 자는 신앙의 변절자로 볼 수 있다. 하지만 이는 손계문이 제시하는 기준과 다르다.

성경은 복음도 믿고 율법도 지키는 자가 하나님의 인을 맞거나, 복음만 믿고 율법을 지키지 않는 자는 짐승의 표를 받는다고 가르치지 않는다. 하나님의 인을 맞는 자와 짐승의 표를 받는 자에 대한 손계문의 구분과 기준은 대단히 작위적이다. 이는 율법 준수 여부에 따라 구원이 결정된다는 안식교의 구원관과 일치한다. 손계문과 안식교가 어떤 관계인지 궁금하다.

과연 모세의 율법이 오늘날에도 유효한가? 과연 복음과 율법은 어떠한 상관관계를 가지고 있을 것일까? 성경은 이에 대해 자세히 설명한다.

바울은 율법을 가리켜 실체이신 예수 그리스도가 오기 전까지 연약한 아이를 그리스도에게로 인도하는 가정교사 역할과 같다고 한다(갈 3:24-25). 그런데 마침내 실체이신 예수 그리스도가 오셨다. 그렇다면 아이는 더 이상 가정교사(율법) 아래에 있을 필요가 없어졌다고 지적한다. 목적지에 도착한 사람에게 이정표는 더 이상 필요하지 않기 때문이다.

히브리서 기자는 모세의 율법이 그 유효성에 있어서 절대적인 것으로 간주할 수 없는 이유는 그것이 실체가 아니라 그림자이기 때문이라고 한다(히 10:1). 율법은 장차 올 좋은 일(예수 그리스도)의 그림자이며 참 형상이 아니라고 강조하는 이유는 율법 아래에서 일생을 살아왔던 히브리인들이 율법의 고리를 끊는 것이 쉬운 일이 아니기 때문이다. 하지만 예수 그리스도가 오기 전까지의 율법의 기능은 그림자였다고 분명히 밝힌다.

바울은 십자가를 믿으면서 율법을 준수해야 한다고 주장하는 일부 갈라디아 교인들에게 그것은 십자가를 '헛되이' 만드는 것이라고 일축했다(갈 2:21-3:5).

바울은 "그리스도께서 우리를 자유롭게 하려고 자유를 주셨으니 그러므로 굳건하게 서서 다시는 종의 멍에를 메지 말라"(갈 5:1)고 교훈한다. 여기서 "종"은 율법을 가리킨다. 이미 믿고 자유함을 얻은 그리스도인은 다시 율법의 멍에를 멜 필요가 없다는 것이다.

베드로 역시 이 멍에에 관해서 말한다. "우리 조상과 우리도 능히 메지 못하던 멍에를 제자들의 목에 두려느냐"(행 15:10)에서 그리스도인이 '메지 못하는 멍에'란 율법을 가리킨다. 베드로는 그리스도인이 율법의 속박에 끌려 다니는 것을 아들을 십자가에 내어주신 하나님을 거스르는 행위라고 반박한다.

초대교회 당시 그리스도를 받아들인 바리새인 중에 이미 효력을 상실한 할례와 율법 준수 문제로 혼란을 야기했던 자들에게 예루살렘 공의회는 그것이 반(反)그리스도적인 사설이라고 결론지었다(행 15장).

성경은 실체이신 그리스도를 만난 자들은 그림자인 율법을 쫓을 이유가 없음을 누누이 강조한다. 바울과 베드로와 히브리서 기자가 오늘날 살아있다면 율법 준수를 구원의 조건으로 제시하는 손계문은 신랄한 비판을 면치 못할 것이다.

 손계문은 기성교회에 대한 극단적인 혐오감을 부추기는데 능숙하다. 그는 땅에서 올라온 짐승이 이적을 행하는 존재로 묘사한 요한계시록 13:13-14을 인용해서 사탄의 3인조가 이적을 통해서 기성교회를 미혹한다고 주장한다. 그의 주장을 직접 들어보자.

 "여러분 이 사탄의 3인조가 세상을 어떻게 속입니까? 기적으로요. 여러분, 오늘날 이런 이적이 가장 많이 일어나는 장소가 있습니다. ⋯교회입니다."

 하지만 땅에서 올라온 짐승은 앞에서 언급했듯이 황제 숭배를 조장했던 로마의 제사장들이고, 이들이 미혹했던 대상은 "땅에 거하는 자들"(14절) 즉 당시 사람들이었다. 손계문은 요한계시록 13:14의 장면을 오늘날의 상황으로 끌어와 평행으로 놓고 교회를 매도하는 수단으로 활용한다.

 그의 이러한 면모는 어제 오늘일이 아니다. 이런 설교에 노출되어있는 약 13만 명의 구독자들이 자기가 출석하고 있는 교회를 어떤 시선으로 바라볼지 눈에 훤하다. 구독자들이 이런 설교에 장시간 몰입된다면 오늘날의 교회가 사단의 조종을 받고 있는 악의 집단으로 세뇌되는 것은 시간문제다. 구독자들이 남긴 댓글을 보면 이런 황당한 설교에 얼마나 많은 사람들이 코뚜레가 꿰어져 있는지 알 수 있다. 이런 해괴한 설교가 판을 치도록 멍석을 깔아 준 책임이 한국 교회에게도 있다.

2. 다음은 손계문의 요한계시록 강해 22부와 24부 일부를 요약 녹취한 것이다.

바다에서 나온 이 짐승은 로마 가톨릭입니다. ⋯첫 번째 짐승이 1260년 동안 성도들을 괴롭게 하는 기간이 거의 끝날 때쯤에 사람이 적은 황량한 곳에서 이 세상에 등장한 새로운 나라는 어디일까요? ⋯아무리 살펴봐도 이 조건에 맞는 나라는 ⋯미국밖에는 없습니다. 이 짐승은 미국입니다. ⋯요한계시록에는 이 새끼 양 같은 짐승을 세 차례에 걸쳐 거짓 선지자라 그렇게 부르고 있습니다(계 16:13; 19:20; 20:10). ⋯여러분 모든 사람에게 어떤 일을 강요할 수 있는 나라는 두말할 나위도 없이 세계의 리더인 미국입니다. 미국은 ⋯신세계 질서를 주도하면서 용처럼 말하고 있습니다(손계문, 2019년. 5월 18일 설교, "요한계시록 강해 22부" https://www.youtube.com).

요한계시록 15장과 16장은 그 유명한 아마겟돈에 대한 이야기입니다. ⋯계시록 17장에 보면 마지막 시대에 세상의 모든 정치가들이 자기의 능력과 권세를 다 짐승에게 몰아주고 뭘 해요? 어린양을 대적해서 싸웁니다. ⋯그런데 급격한 반전이 생깁니다. 계시록 17장에 보면 세계 정치가들이 큰 성 바벨론이라 불리는 이 음녀를 배반합니다(계 17:16). ⋯여러분 이것이 유브라데 강이 마르는 사건입니다. ⋯아마겟돈 전쟁 때는 이 세상 왕들이 마귀들에 의해서 한 곳으로 집결하는데, 이것은 서로 싸우려고 모이는 것이 아니고 이들이 연합해서 하나님의 백성들을 핍박하기 위해서 온 세계가 하나가 되는 것입니다. …반역적인 인간들과 악한 영들이 창조주와 그의 충성스러운 백성들을 대항해서 싸우는 전쟁입니다. …이 전쟁은 누구를 따를 것인가 하는 전쟁이고 무엇을 믿을 것인가 하는 전쟁입니다. 온 세계가 따르고 있는 그 법과 질서에 순종하지 않는 그 백성들을 대항해서 그들을 없애려는 마지막 전쟁입니다. …동방에서 오는 왕들의 길이 예비 된다는 것이 무슨 뜻일까? …유브라데 강이 마르면 이제 남은 일은 왕이 동방에서 왕이 당신의 백성들을 데리러 재림하시는 겁니다. …용은 사탄입니다. …짐승은 교황청입니다. …거짓 선지자는 미국으로 대표되는 배도한 개신교회입니다. 이 사탄의 3인조는 …전 세계의 왕들을 아마겟돈으로 모읍니다. 왜 모아요? 재림 전에 마지막으로 그의 세력을 총 집결해서 하나님께 대적하려는 겁니다.

그래서 사탄의 삼위일체와 하나님의 삼위일체 간에 마지막 전쟁이 벌어집니다. 예수님의 증인들은 하나님의 인을 받고요, 사탄의 사람들은 짐승의 표를 받습니다. 이 마지막 때에 하나님의 남은 백성들은 십계명을 지키고, 예수의 증거를 가지고 있으며, 예수님이 가지신 그 믿음이 있습니다. …사탄도 자기의 남은 무리들을 갖고 있어요. 그들은 하나님의 율법을 순종할 필요도 없고, 순종해서도 안 되며, 순종할 수도 없다는 사탄의 기만을 따르며 한번 받은 구원은 절대로 잃어버릴 수 없다는 거짓 복음에 취해있는 무리들입니다. 여러분 이 사탄의 3인조가 세상을 어떻게 속입니까? 기적으로요. …여러분 오늘날 이런 이적이 가장 많이 일어나는 장소가 있습니다. …교회입니다(손계문, 2019년 6월 29일 설교, "요한계시록 강해 24부", https://www.youtube.com).

9장

◆

기독교가 '멸망할 바벨론'이라는 18장 해석

9장

기독교가 '멸망할 바벨론'이라는 18장 해석

1. 손계문에 대한 비평

1) 손계문의 주장 요약

손계문이 유튜브 채널 '성서연구원'에 2019년 7월 20일 올린 요한계시록 강해 26부의 주장을 요약하면 다음과 같다.

* 니므롯이 세계 단일 정부를 만들 목적으로 바벨성을 세웠다.
* 니므롯의 정신을 바벨론 제국의 함무라비왕과 신바벨론 제국의 느부갓네살왕과 요한계시록의 바벨론(교황)이 이어받았다.
* 열왕기상 18장의 갈멜산 전쟁은 요한계시록의 아마겟돈 전쟁의 상징이며 표상이다.
* 고대 바벨론과 신 바벨론이 멸망한 것처럼 영적 바벨론이 무너질 때 태양신을 섬기는 기독교도 멸망한다.

2) 손계문의 주장 비판

손계문은 '요한계시록 강해 26부' 설교에서 기독교를 세상 종말에 하나님의 심판을 받아 멸망하는 대상으로 소개한다. 그는 "큰 성 바벨론"(18:2)을 교황을 포함한 기독교로 한정하고 "내 백성아, 거기서 나와 그의 죄에 참여하지 말고 그가 받을 재앙들을 받지 말라"(18:2)를 멸망할 기독교에서 탈출하라는 하늘의 음성으로 이해한다.

그는 요한계시록에서 최후에 멸망하는 바벨론을 기독교로 설정하기 위한 첫걸음을 바벨성을 세웠다는 창세기 10:9의 '니므롯' 이야기로부터 시작한다. 그는 니므롯이 바벨성을 세웠으며, 이 바벨성이 요한계시록 14장, 16장, 17장. 18장에 등장하는 '큰 성 바벨론'의 기원이며, 이 바벨론이 기독교를 가리킨다고 주장한다. 과연 니므롯의 바벨성과 요한계시록의 바벨론과 기독교가 그런 고리로 연결되어 있을까? 먼저 살펴볼 것은 과연 니므롯이 세운 바벨성이 세계 단독정부였느냐이다.

니므롯에 대한 기사는 창세기 10:9-14이 유일한 본문이다. 10절은 니므롯이 시날 땅에서 바벨론을 창시한 인물로 보고한다. 그의 나라가 시작되었다는 것은 그가 바벨론이라는 국가의 창시자라는 의미이다. 하지만 니므롯은 바벨론에 머물지 않고 계속 이동한다. 11절은 그가 앗수르 땅으로 나아가서 여러 성들을 더 건설했음을 보여준다. 니므롯은 두 나라 곧 바벨론과 앗수르의 건국자이다. 미가 5:6도 앗수르를 "니므롯의 땅"이라고 말한다. 그런데 이 지점에서 한 가지 주목해야 할 점은 손계문의 주장대로 과연 니므롯이 바벨론을 세계를 통합 할 수 있는 거대한 단독정부로 양성할 꿈을 가지고 있었느냐에 관한 것이다. 왜냐하면 창세기 10:11은 그가 바벨론에 머물지 않고 계속 이동하며 앗수르 성을 건설하며 더욱 땅을 넓혀나가는 데 주력했음을 보여주기 때문이다. 이러한 그의 면모는 한 국가만을 건설해 바벨론을 세계 단독 정부로 만들기 위해 혼신의 힘을 쏟았다는 손계문의 주장과는 다소 거리가 있어 보인다.

또 한 가지 생각해야 할 점은 손계문은 니므롯이 창시한 나라가 둘인데 왜 하나만 언급 했느냐에 관한 것이다. 그는 왜 앗수르는 배놓고 바벨론만 언급했을까? 이에 대한 해답은 그가 요한계시록에 등장하는 바벨론의 기원이 창세기의 바벨성이라고 말한 대목에서 찾을 수 있다. 손계문은 니므롯의 바벨론-함무라비의 바벨론-느부갓네살의 바벨론-요한계시록의 큰 성 바벨론을 연결하는 하나의 틀을 계획하고 있다. 그러므로 앗수르라는 나라는 이 틀 안에서 불필요한 존재가 된다. 그러므로 손계문은 니므롯이 창시한 나라를 오직 하나 바벨론으로만 소개한 것으로 보인다.

또한 니므롯이 바벨론을 세계 유일한 단독정부로 소개하는 마당에 갑자기 니므롯이 건국한 앗수르가 끼어 들어오면 '유일성'에 시비가 생길 것이 뻔하다. 니므롯이 구성한 단독정부가 둘이었느냐 하나였느냐? 혹은 앗수르도 그런 정부였느냐? 등등의 피곤한 질문들이 발생된다. 이러한 의구심을 미연에 차단하기 위해 처음부터 바벨론만 언급하고 앗수르는 막아버린 것으로 보인다. 매우 계산된 해석이다. 하지만 얄팍하다. 이러한 특정 전제를 품고서 창세기 10:10-11에 접근하다보니 이러한 오남용이 발생하는 것이다.

과연 니므롯이 세운 바벨론이 세계를 통합할 목적을 가진 단독정부였을까? 하지만 창세기 10:10은 이에 대한 그 어떠한 정보도 제공하지 않는다. '세계화' 혹은 '단일 정부'에 대한 그 어떠한 단서나 암시도 없다.

기원전 사람인 니므롯이 '세계화'를 추구했다는 주장은 수용하기 힘들다. 과연 그가 자기들과 다른 다양한 종족들이 땅에 편만해 있다는 사실을 알고 있었을까? 자기가 밟고 있는 땅 외의 다른 대륙과 다른 해양이 존재한다는 사실을 알고 있었을까? 창세기 10장에서 니므롯이 나라를 세운 땅은 모두 티그리스강과 유프라데스강 주변이었다. 그 주변만 맴돌았다. 바벨탑 이전의 사람들은 모두 한 언어를 사용했고 한 민족이었다(창 11:10). 이러한 제한된 문화권에서 생활했던 사람이 '세계화' 혹은 '세계 단일'에 대한 이상을 가지고 있었을까?

고고학적 발굴을 통해 고대 도시의 규모가 웅장하고 거대했으며 고대인들이 뛰어난 문화적 유산을 소유하고 있었음을 알 수 있다. 그렇다 치더라도 니므롯은 사냥꾼이었다(창 10:9). 사냥해서 먹고 살았던 사람이 세계 단독정부를 지향했다는 설에 쉽게 동의하기 힘들다.

이러한 손계문의 주장을 흉내 내어보면 함의 아들 가나안도 시돈에서 라사에 이르는 세계 단일 정부를 가나안 땅에 건설했다고 할 수 있고(창 10:16-19), 야곱도 사람을 데리고 애굽 땅에 내려가서 세계 단일 국가 아람을 건설했다고 말할 수 있다(신 26:5). 니므롯이 전 세계를 통합할 수 있는 단일 정부를 구성했다는 주장은 상식선에서 정리된다. 손계문의 바벨성 이야기는 허구적인 소재들로 가득 채워져 있다.

손계문은 창세기 11장의 바벨탑 건설도 니므롯이 주도한 것이라고 주장한다. 그는 니므롯이 자기가 이룩한 단독정부를 상징하기 위해서, 또 누구도 이 정부를 침범할 수 없도록 하기 위해서 바벨탑을 세웠다고 주장한다. 하지만 창세기 11:4은 사람들이 바벨탑을 쌓은 목적에 대해서 자기들의 이름을 내는 것, 즉 자신들의 명예를 드높이기 위함이었고, 지면에 흩어짐을 면하기 위해서였다고 증언한다. 이는 대홍수를 겪은 그들의 트라우마가 반영된 것으로 보인다.

창세기 11장의 바벨탑 현장 그 어디에도 니므롯은 등장하지 않는다. 바벨탑을 쌓은 사람들은 동쪽으로 이동하다가 시날 평지를 만난 "그들"(창 11:2)이었다. 그들을 니므롯과 그의 무리로 단정할 수 있는 근거는 없다. 손계문이 제시하는 '바벨탑' 이야기와 '세계 단독 정부' 이야기는 성경적 증거가 전혀 없는 공상소설 수준에 불과하다.

손계문은 니므롯의 정신을 고대 바벨론의 함무라비와 신 바벨론의 느부갓네살과 요한계시록의 큰 성 바벨론으로 상징되는 교황이 이어받았다고 주장한다. 그는 이 주장의 근거로 다니엘서 1:1-2을 제시한다.

손계문은 '요한계시록 강해 26부' 설교에서 이 본문을 다음과 같이 해설한다. 직접 들어보자.

"바벨론 왕이 어디에 신전을 세웠어요? 니므롯이 세웠던 바로 그 시날 땅에 신전을 세운 겁니다. 그러니까 시날 땅에 신전을 세웠다는 것은 최초의 바벨성의 정신을 그대로 계승하겠다는 것을 스스로 느부갓네살 왕이 나타낸 겁니다."

즉 느부갓네살이 시날 땅에 성전을 세웠기에 니므롯의 정신을 계승한 것이라는 것이다. 두 사람이 같은 땅에 건물을 세웠기 때문에 두 사람이 같은 사상과 정신을 공유하고 있다는 논리이다.

하지만 다니엘서 1:1-2은 전혀 그런 내용을 포함하고 있지 않다. 이 본문은 바벨론의 예루살렘 침공과 성전 약탈 행위를 기록하고 있다. 1절은 느부갓네살이 예루살렘에 쳐들어가 성을 포위한 것을 나타내고 2절은 느부갓네살이 예루살렘 성전의 '그릇' 즉 성전의 기물들을 약탈해 시날 땅에 있는 자기 신전 보물 창고에 놓아둔 것을 나타낸다. 이 본문은 느부갓네살이 시날 땅에 성전을 지었다고 기록하지 않는다. 한번만 정독해도 어렵지 않게 파악할 수 있는 평이한 본문이다. 다니엘서 1:1-2이 손계문의 유일한 근거 자료인 것으로 보이는데 이 본문에 대한 해석마저도 정상적이지 않다. 느브갓네살왕이 니므롯의 정신을 계승했다는 설은 성경적 근거를 갖추지 못한 허구이다.

설령 느부갓네살이 시날 땅에 성전을 건립했다 한들 그것이 니므롯의 정신세계와 무슨 연관이 있을까? 두 사람이 같은 땅에 건축했기 때문에 같은 사상을 가지고 있다는 논리는 성립되지 않는다. 어떤 사람이 봐도 시날 땅이 건축부지로 적합했을 것이라고 판단하는 것이 상식적이다.

또한 손계문은 어떤 근거로 함무라비가 니므롯의 정신을 계승하였다고 말하는가? 성경은 과연 이에 대한 자료를 제공하는가? 몇 장, 몇 절에 그런 소리가 있는가? 손계문은 책임지지 못할 주장만 남발한다. 자료는 없고 주장만 있다.

또한 손계문은 요한계시록 18장의 큰 성 바벨론이 어떤 근거에서 니므롯의 정신을 계승하였다고 보는가? 도대체 어떤 자료가 바벨론과 니므롯이 동일한 정신세계를 공유하고 있었다고 소개하는가? 이와 관련된 자료가 있는가? 그것은 충분한 것인가? 손계문은 출처를 알 수 없는 주장만 남발한다. 자료는 없고 주장만 있다.

요한계시록에서 '바벨론'은 로마를 지칭하는 상징어이다. 요한계시록이 기록될 당시 유대 문화에서 '바벨론'은 로마를 상징하는 용어로 사용되었다(16:19; 17:5; 18:10, 21). 베드로전서 5:13은 로마를 가리키는 말로 바벨론이란 용어를 제일 처음 사용했다. 요한계시록 이외의 다른 문헌에서도 바벨론은 로마를 지칭하는 용어로 사용되었다. 바룩2서 10:2-3과 11:1과 67:7, 에즈라4서 3:2에서 그것을 확인할 수 있다.[1]

요한계시록에 등장하는 바벨론은 로마 제국을 상징한다. 바벨론과 로마는 모두 거대 제국으로 예루살렘을 파괴한 국가라는 공통점을 가지고 있다. B.C 586년에 바벨론이 예루살렘을 정복했고, A.D 70년에 로마가 예루살렘을 정복했다. 로마를 바벨론으로 호칭하게 된 이유는 이 두 비극적인 사건을 암묵적으로 비교한 데서 비롯되었다.

요한계시록은 로마로부터 압제받는 1세기 소아시아 교회들에게 바벨론으로 표현된 로마 제국의 운명을 자세히 보여준다. 16장에서 일곱 번째 대접 심판을 받은 바벨론이 17장에서는 멸망하는 장면

---

1) 박수암, 190.

을 보여준다. 18장은 바벨론 심판 내용을 다른 각도에서 반복해서 보여준다. 그리고 바벨론의 멸망을 공식적으로 선포한다. 고난받는 소아시아 교회 입장에서 로마 제국의 멸망만큼 좋은 소식이 없다.

이러한 의미를 가진 바벨론을 엉뚱하게 니므롯의 정신을 이어받았다는 교황과 동일시하고 이를 자기 해석의 중심에 두는 것은 요한계시록의 맥락에서 정당하지 못하다. 매번 특정 전제를 가지고 성경에 접근하는 손계문에게서 이러한 폐쇄적 해석의 전형이 자주 목격된다. 잘못된 출발은 니므롯에서 시작되었다. 이는 니므롯에 대한 이상한 해석이 또 다른 기형적인 해석들을 연쇄적으로 발생시키며 파생한 결과이다. 이런 사람이 성경을 가르치고 있다는 사실이 충격적이다.

손계문은 열왕기상 18장의 갈멜산 전쟁을 아마겟돈 전쟁의 표상이라 주장한다. 엘리야와 바알 선지자 850명이 대결을 벌인 갈멜산 전쟁은 모형이며, 아마겟돈 전쟁이 원형이라는 것이다.

손계문은 이에 대해 다음과 같은 설명을 한다. "아마겟돈이 히브리 음으로 '할므깃도'라는 말입니다. 할은 산이라는 뜻이기 때문에 므깃도 산 그런 말이거든요. 그런데 므깃도는 산이 아니라 평원입니다. ⋯그런데 므깃도 평원 옆에 산이 하나 있습니다. 갈멜산 입니다. 만약에 할므깃도가 갈멜산을 가리키는 것이라면, 갈멜산 하면 떠오르는 사건이 있죠. 그게 뭡니까? 열왕기상 18장에 보면 엘리야와 바알의 선지자가 전쟁했던 사건이 있습니다."

　손계문은 아마겟돈을 어원적으로 구성하고 있는 '할므깃도'는 므 깃도 산을 뜻하지만, 실제로 므깃도라는 산은 존재하지 않으므로 므깃도 인근에 있는 갈멜산을 아마겟돈으로 규정해 버린다. 그리 고 이 갈멜산으로 이동하여 엘리야와 바알 선지자의 대결 장면과 아마겟돈 전쟁을 비교분석한다. 그리고 갈멜산 전쟁이 아마겟돈 전 쟁의 표상이라는 최종 결론을 내린다. 즉 갈멜산 전쟁이 아마겟돈 전쟁을 반영한다는 것이다. 과연 갈멜산이 아마겟돈을 가리키고 표 현하는가?

　하지만 성경 그 어디에서도 갈멜산과 아마겟돈을 표상과 실제의 관계, 모형과 원형 관계로 나타내지 않는다. 갈멜산은 실제 산이지 만 아마겟돈은 묵시론적 배경에서 하나님을 대적하는 불경건한 자 들이 심판 받을 장소를 상징한다.[2] 갈멜산과 아마겟돈은 비교의 대 상이 될 수 없다. 아마겟돈'에 대한 구약의 배경과 문학적 맥락에 대한 고찰 없이, 추리에 의존한 황당한 접근이 낳은 황당한 결론이 다. 성경은 결코 갈멜산과 아마겟돈을 모형과 원형의 관계로 접근 하지 않는다.

　손계문의 황당한 주장은 여기서 멈추지 않는다. 그는 요한계시록

2) David E. Aune, 『요한계시록 6-16』, 913.

에서 바벨론이 무너질 때 태양신을 섬기는 기독교도 함께 멸망한다고 가르친다. 그는 요한계시록 18:4의 "거기서 나와 그의 죄에 참여하지 말고 그가 받을 재앙들을 받지 말라"는 음성을 기독교인들에게 교회의 탈출을 독촉하는 급박한 하늘의 메시지라고 설명한다. 기독교가 곧 멸망하게 될 터이니 기독교에서 탈출하라는 하늘의 목소리라는 것이다. 과연 이러한 손계문의 주장은 과연 타당한가?

하지만 요한계시록 18:4의 음성은 요한계시록의 문맥에서 바벨론으로 상징된 로마 제국의 죄악에 동참하지 말고 구별된 삶을 삶으로 심판을 면하라고 촉구하는 음성이다. 즉 로마 제국의 질서를 수용하지 말라는 음성이다. 왜냐하면 로마와 공생관계에 있었던 '만국'(18:3)도 그날에 로마와 함께 무너지기 때문이다. 그러므로 요한은 로마의 죄에 동참하지 말고 심판을 피하라고 권고한다. 요한계시록 18:4의 의미를 오늘날의 상황으로 가져와 "기독교에서 탈출하라"고 명하는 손계문이 어떤 꿍꿍이를 가지고 요한계시록을 설교하고 있는지 짐작이 간다.

과연 기독교가 태양신을 믿는 종교이며, 마지막 때 바벨론과 함께 멸망할 것인가? 손계문은 공공연히 기독교를 태양신을 믿는 종교라고 주장한다.

그는 '요한계시록 강해 14부' 설교에서도 콘스탄틴 황제가 기독교를 세계 단일 종교로 만들기 위해 이교의 교리였던 크리스마스를 끌어들인 이후 현재까지 이 크리스마스를 수용하고 있는 기독교를 태양신을 숭배하고 있는 집단으로 정의한 바 있다. 물론 12월 25일이 로마의 동지제 축제일(태양신 미트라)과 관련되어있는 것은 사실이다. 하지만 예수님의 탄생일을 모르는 상황에서, 12월 25일을 아기 예수 탄생으로 정해놓고, 이날에 구세주의 탄생을 축하하기 위해 모이는 사람들을 태양신 숭배자들로 인식하는 것이 과연 정당한가? 과연 12월 25일에 예배하는 자들 중에 태양신을 마음에 두고 있는 자들이 있겠는가? 크리스마스를 지키는 기독교의 교리와 가르침 속에 태양신의 흔적이 있는가?

손계문의 주장처럼 기독교가 크리스마스를 수용하여 태양신을 섬기는 종교라면, 토요일에 예배하는 안식교는 소위 토요일을 지배한다는 신으로 알려진 '토성신'을 섬기는 종교라는 말이 가능하게 된다. 과연 손계문은 토성신을 섬기는가?

성경을 하나님의 말씀을 믿고, 하나님이 보내신 자 예수를 그리스도로 믿고, 이 그리스도가 장차 오실 줄을 믿고 기다리는 개신교회는 멸망할 바벨론이 아니라, 이 바벨론과 대조되는 하늘에서 내려오는 승리한 거룩한 새 예루살렘(21:2) 즉 하나님의 백성임을 잊지 말아야 한다.

니므롯의 바벨론-함무라비의 바벨론-느부갓네살의 바벨론-요한계시록의 바벨론이라는 특이한 틀에 태양신 소재를 끼워 넣어 기독교를 바벨론으로 이미지화하여 멸망의 반열에 올려놓는 손계문에게서 기독교를 부정하고 자기 집단의 특권만을 강조했던, 지난 2천년 역사 속에서 꾸준히 발흥했다 사라졌던 이교의 냄새가 진동한다.

2. 다음은 손계문의 요한계시록 강해 26부의 주요 내용을 요약 녹취한 것이다

요한계시록은 우리의 목적지를 알려주고 착륙지점을 알려주는 관제탑입니다. 그런데 관제탑에서 긴급한 음성이 들립니다. 충돌 위험이 있으니 비행기에서 즉각 탈출하라. …요한계시록 18장은 바벨론이 된 교회에서 …지금 탈출하라고 긴급하게 외치고 있습니다. 왜요? 바벨론이 곧 무너질 것이기 때문에. … "무너졌도다 무너졌도다 큰 성 바벨론이여 귀신의 처소와 각종 더러운 영이 모이는 곳과 각종 더럽고 가증한 새들이 모이는 곳이 되었도다. 내 백성아, 거기서 나와 그의 죄에 참여하지 말고 그가 받을 재앙들을 받지 말라." 여러분 계시록 18장은 바벨론이 곧 무너지니까 "내 백성이 거기서 나오라"는 예수님의 간절한 호소로 가득 차 있습니다. …

바벨론이 어디서 시작되었습니까. 우리가 너무나 잘 아는 바벨탑 사건입니다. 이것이 바벨론 제국의 첫 번째 기원입니다. …그들은 바벨성을 만들고 바벨 도시를 건설하면서 이 도시 안에 세계에 경이가 될 높은 탑을 세우자. 그래서 아무도 우리 도시를 넘볼 수 없게 하자. 그러니까 바벨 시티는 무슨 정부를 건설한 거에요? 세계 단일 정부를 건설하고요, 그 정부의 상징이 될 바벨탑을 거기에 세운 것입니다. …여러분, 요한계시록에서 바벨론을 언급할 때 '큰 성'바벨론이라고 말한 것이 창세기의 바벨성을 염두에 둔 겁니다. 그러면 바벨성 건립은 어떻게 이루어졌는가? ···시날 땅 바벨성 건립을 주도한 주동자가 누구란 말이에요? 니므롯이에요. 그러니까 큰 성 바벨 시티에는 니므롯이라는 절대 군주가 있었습니다. 그러니까 이 니므롯의 정신을 그대로 이어받아서 고대 바벨론 제국에는 함무라비가 있었고요, 그 다음 신 바벨론 제국에는 느부갓네살이 있었고요, 오늘날 영적 바벨론 제국에는 누가 있습니까? 교황이 있습니다. ···

요한계시록에서 세상 끝에 큰 성 바벨론이 다시 무너진다는 것은 마치 바벨론 제국이 그랬던 것처럼 마지막 때에 니므롯 같은, 느브갓네살 같은 바벨탑의 정신을 계승한 어떤 절대 군주가 일어나서 정치 체제를 갖고 큰 영향력을 행사하다가 바벨론이 무너진 것처럼 결국 마지막 바벨론도 무너질 것임을 성경이 예언하고 있는 것입니다. ···여기서 보니까 아마겟돈 전쟁을 통해서 바벨론이 무너집니다. ···아마겟돈이 히브리 음으로 '할므깃도'라는 말입니다. 할은 산이라는 뜻이기 때문에 므깃도 산 그런 말이거든요. 그런데 므깃도는 산이 아니라 평원입니다. ···그런데 므깃도 평원 옆에 산이 하나 있습니다. 갈멜산입니다. 만약에 할므깃도가 갈멜산을 가리킨 것이라면, 갈멜산 하면 떠오르는 사건이 있죠. 그게 뭡니까? 열왕기상 18장에 보면 엘리야와 바알의 선지자가 전쟁했던 사건이 있습니다. ···여러분 이 갈멜산 전쟁은 계시록 13장 사건의 표상과 상징이거든요. ···세계에서 가장 거대한 종교가, 이름은 기독교를 표명하고 있지만 태양신을 숭배하는 종교죠. ···여러분 갈멜산에서 엘리야와 바알의 선지자의 대결이 있었던 것처럼 누가 참 하나님인가 누가 참 하나님께 경배하는 자들인가 이것이 밝혀지는 전쟁이 아마겟돈 전쟁입니다. 사람의 전통으로 만들어 놓은 짐승의 우상으로 만들어서 이것이 하나님을 섬기는 방법이라고 가르쳐 왔던 그 종교 지도자들과 오직 성경의 말씀대로 하나님의 계명을 지켜온 남은 무리들과의 전쟁입니다. 큰 성 바벨론, 바벨 시티는 이렇게 무너집니다(손계문, 2019년 7월 20일 설교, "요한계시록 강해 26부" https://www.youtube. com).

10장

◆

재림 때,
개신교회가 살육당한다는 결론부 해석

10장

재림 때,
개신교회가 살육당한다는 결론부 해석

1. 손계문에 대한 비평

1) 손계문의 주장 요약

손계문이 2019년 8월, 유튜브 채널 '성서연구원'에 올린 요한계시록 강해(27~29부)를 요약하면 다음과 같다.

* 요한계시록 19:19-21은 재림 때 교황과 미국과 개신교인이 하늘에서 불이 내려와 죽고 새들의 먹이가 됨을 보여준다.
* 재림 이후 하늘에서 새 예루살렘 성이 내려오게 된다.
* 새 하늘과 새 땅은 천국을 가리킨다.

2) 손계문의 주장 비판

손계문은 요한계시록의 결론에 해당하는 19장~21장 해석에서도 개신교회의 멸망이라는 주제를 이어간다. 그는 짐승, 거짓 선지자, 바벨론을 심판의 대상으로 규정하고, 그 범주 안에 개신교회를 포함한다. 백마 타고 오시는 예수님의 모습이 묘사되어있는 요한계시록 19:17-21 해석에서는 이 주제의 절정을 이룬다.

손계문은 재림 때에 무시무시한 심판을 받고 살육 당할 대상은 교황, 미국, 개신교회로 구분한다. 그는 첫째 짐승(13:1)은 세상 권력과 손을 잡고 성도들을 미혹하는 가톨릭이며, 둘째 짐승(13:11)은 거짓 성령 운동으로 각종 치유 집회 등 기적을 행하는 미국과 개신교회라고 하며 이들은 재림 때에 하늘에서 내려온 불에 살라지며, 그 시체들은 새의 먹이가 된다고 한다. 과연 이것이 요한이 전달하려는 메시지와 일치할까?

첫째 짐승이 누구인지는 요한계시록 13:18이 밝혀준다. 육백육십육이라는 이름을 가진 이 짐승은 '네로'이며, 둘째 짐승은 "땅에 거하는 자들"(13:14) 즉 당시 사람들에게 짐승의 형상을 만들어 숭배하게 하며 표를 팔았던 종교적 제의와 관련된 세력들을 가리킨다(13:11-18). 이를 교황과 미국과 개신교회를 가리킨다는 주장은 성경적 근거가 없다.

손계문은 요한계시록 19장에 등장하는 어린 양의 혼인 잔치

(6-10절)와 하나님의 큰 잔치(17-21절)를 구분하고 전자의 잔치에 초대받은 사람들은 축복의 대상이며 후자의 잔치에 초청받은 사람들을 저주의 대상으로 규정한다. 그는 특히 후자의 잔치 장면은 재림 때에 교황청과 연합된 미국의 종교 세력과 전 세계의 개신교인들이 죽임을 당하여 공중의 새들에게 뜯어 먹히는 장면이라고 소개한다. 하지만 본문에서 그러한 의도나 단서를 전혀 찾을 방법이 없다.

여기서 하나님의 큰 잔치는 어린 양의 혼인 잔치와 대조되지 않는 패배한 원수들의 피비린내 나는 희생 제물로 이루어진 승전 연희이다.[1] 여기에서 '그 잔치'에 해당하는 토 테이프논(τὸ δεῖπνον)은 9절에서 어린양의 혼인 잔치를 언급할 때 동일하게 사용되었다. 하나님이 베푸신 이 잔치는 어린 양의 혼인 잔치와 구분되는 별도의 잔치가 아니라 동일한 잔치이다.

어린 양의 혼인 잔치는 이 잔치의 하객으로 형상화된 승리한 교회에 초점이 맞추어 묘사된 반면 이 하나님의 큰 잔치는 종말론적 적대 세력에게 초점이 맞추어져 있다. 즉 하나의 잔치이지만 각기 다른 관점에서 묘사되었다. 이 적대 세력들은 왕들, 장군들, 장사들, 말 탄 자들, 자유인들, 종들, 작은 자나 큰 자, 모든 자(19:18)이며, 이들의 시체의 살이 공중의 새들의 먹이가 된다. 이를 가리켜 교황

1) David E. Aune, 『요한계시록 17-22』, "WORD BIBLICAL COMMENTARY volume 52C" 330.

을 중심으로 한 종교 세력들과 전 세계의 개신교인들이 장래에 공중의 새들에게 실제로 뜯어 먹히는 장면이라는 손계문의 설명은 본문의 진위와 거리가 멀다.

손계문은 요한계시록의 대부분의 부정적인 개념과 요소들을 가톨릭과 개신교회에 적용하고 그것이 어떻게 이루어지게 될 것인지를 보여주려는 강박관념에 사로잡혀 있는 것으로 보인다.

손계문은 요한계시록 21:2의 하늘에서 내려오는 새 예루살렘 성은 현재 이스라엘에 있는 성전이 아닌 하늘에 있는 실질적인 성전이라고 주장한다. 과연 이러한 주장이 요한계시록의 지지를 받을 수 있을까? 요한은 새 예루살렘 성이 하늘에서 내려오는 것을 본다. 그리고 그 모습을 "신부가 남편을 위하여 단장한 것 같더라" 즉 신랑을 위해 단장한 신부로 묘사한다. 요한은 새 예루살렘 성을 신부로 인격화하고 있다는 점에서 이 성전이 건물이 아님이 확인된다. 다시 말하면 새 예루살렘 성은 신부라는 인격과 결부되어 있다.

요한계시록 21:9-10에서는 일곱 천사 중 하나가 "내가 신부 곧 어린 양의 아내를 네게 보이리라" 하고 진작 보인 것은 하나님께로부터 하늘에서 내려오는 거룩한 성 예루살렘이다. 새 예루살렘 성은 어린 양의 신부이다.

그러면 이 신부는 누구일까? 요한계시록 19:7-8은 신랑인 어린 양이 자기 신부에게 빛나고 깨끗한 세마포를 결혼 예복으로 선물한다. 이 세마포는 '성도의 옳은 행실'을 상징한다. 신부는 성도이다. 즉 신부는 하나님의 백성이다. 신부는 멸망하는 바벨론(17장)과 대조되는 하나님의 백성 곧 교회 공동체를 상징한다.

요한은 요한계시록을 통해서 교회를 다양한 언어로 묘사한다. 셀 수 없는 큰 무리(7:9-17), 십사만 사천(7:1-8; 14:1-15), 두 증인(11:3-13), 여인(12장), 신부(19:7-9)는 모두 교회를 나타내는 상징적 묘사이다. 요한은 교회에 대한 이러한 다양한 이미지들을 '거룩한 성 새 예루살렘'이라는 용어로 응축한다.

요한이 본 하늘에서 내려오는 새 예루살렘 성은 하나님의 백성 곧 교회공동체이다. 손계문은 새 예루살렘 성이 하늘에 존재하는 실제 성이며, 이 성이 문자 그대로 하늘에서 지상으로 내려온다고 인식한다. 매우 심각한 오독이다. 그의 요한계시록 해석은 너무 많은 논리적 취약성을 가지고 있으며, 상식 수준에도 미치지 못한다.

손계문은 더 나아가 요한계시록 21:1의 "새 하늘과 새 땅"을 천국으로 해석한다. 그의 설교를 들어보자.

"새 하늘과 새 땅은 어떤 곳일까요? 성경은 신부가 남편을 위해 단장한 것 같다고 말합니다. …새 하늘과 새 땅이 신부가 단장하듯이 우리를 위해서 준비되고 있고 기다리고 있다 그 말입니다. 그래서 우리와 결혼할 날을 손꼽아 기다리고 있다는 것입니다. 새 하늘과 새 땅에서의 삶은 어떤 삶일까?"

손계문은 새 하늘과 새 땅을 신부로, 그리고 성도를 신랑으로 이해한다. 더군다나 이 신랑과 신부의 결혼 생활을 성도의 천국 생활로 인식하고 있다. 그는 2019년 8월 14일 '천국에서 뭐하며 사나요'라는 제목의 설교에서는 성도의 천국 생활 열두 가지를 소개한다. 과연 '새 하늘과 새 땅=신부=천국'이라는 이러한 등식이 성립 가능한가? 과연 새 하늘과 새 땅과 성도의 관계를 하늘과 땅의 혼인으로 이해하는 것이 정당한가?

결론적으로 말하면 손계문이 새 하늘과 새 땅을 신랑을 위해 단장한 신부와 동일시하는 것은 성경을 제대로 읽지 않은 결과이다. "신부가 남편을 위하여 단장한 것 같더라"(21:2)는 새 하늘과 새 땅이 아닌 거룩한 성 새 예루살렘에 적용되기 때문이다. 요한은 하늘에서 내려오는 새 예루살렘을 가리켜 신부가 남편을 위하여 단장한 것 같다고 표현한다. 그러면 새 하늘과 새 땅은 무엇인가?

요한은 처음 하늘과 처음 땅이 없어질 것이라는 묵시론적 주제를 인용해서 역사의 마지막에 도래할, 이전과 비교할 수 없는 새로운 하늘과 땅의 도래를 보여준다(21:1). 처음 하늘과 처음 땅의 사라짐은 예수의 종말 강화(막 13장), 공관복음(마 5:18; 막 13:31; 눅 16:17), 히브리서 12:26-27, 베드로후서 3:12-13, 학개 2:6에서도 발견된다. 이전 하늘과 이전 땅이 없어지는 엄청난 우주적 대 격변 이후에 펼쳐지는 새 하늘과 새 땅은 에덴의 회복을 예언하는 이사야 65:17-25에서도 나타난다.[2]

요한계시록 22:1-6에 등장하는 '강', '열매' '생명나무' '하나님의 얼굴을 봄' 등은 이 본문이 에덴의 종말론적 회복을 조망한다는 사실을 분명히 보여준다. 에덴에서 발원한 강은 생명수 강으로 이해되고, 에덴에서 천사들이 지켰던 생명나무는 강의 좌우편에 자리하며 과실을 풍성히 맺고 있고, 에덴에서 단절된 교제는 하나님의 얼굴을 보는 것으로 회복된다.[3] 새 하늘과 새 땅은 하나님이 계획하신 구속 역사의 종착점으로 에덴 회복의 목적이 완성되는 새 창조를 나타내준다. 창세기 1장에서 처음 세계를 창조하신 목적이 성취되는 전 지구적인 사건이다. 에덴의 회복이라는 목표가 이루어진 우주적 사건이다. 이와 같은 미래적 사건을 현재의 천국으로 제한하고, 이 천국에서 일어나는 열두 가지 일을 제시하는 것은 무지와 상상력이 만난 판타지이다.

손계문은 요한계시록의 대미를 장식하는 새 하늘과 새 땅 설교에 서조차도 불 못 운운하며 개신교회 목사들을 끌어들인다. 처음부터 개신교회와 목회자들을 멸망의 대상으로 전제해 놓고 성경에 접근

---

2) 위의 책, 444.

3) 위의 책, 536.

한 까닭이다. 개신교회 멸망이라는 주제는 요한계시록 설교 내내 손계문의 입을 떠나지 않는다.

마지막으로 손계문의 내세관을 짚어 보고자 한다. 그는 매우 비성경적인 내세관을 가지고 있다. 그가 2019년 8월 17일 '요한계시록 강해 28부' 설교에서 다음과 같이 가르친다. "성경은 의인들이 죽으면 바로 하늘에 간다거나 천국 간다는 말씀이 없습니다. 여러분 지금까지 사람이 죽으면 바로 천국이나 지옥으로 간다고 믿어왔겠지만 성경은 예수님 재림 때에 의인들이 부활해서 하늘에 간다고 말씀하고 있습니다. 성경은 믿는 자가 죽으면 바로 천국에 가고 불신자가 죽으면 지옥에 간다는 말씀이 없어요".

손계문은 인간의 죽음은 영혼과 육체의 분리이며, 사후 의인의 영혼은 천국으로, 악인의 영혼은 지옥으로 분리된다는 내세관을 거부한다. 그는 2018년 4월 21일 '요한계시록 강해 12부' 설교에서도 몸이 죽으면 영혼도 동시에 수면 상태로 들어감으로 사후에 육신과 영혼이 분리되는 일은 없다고 강조한다. 과연 이와 같은 내세관이 성경의 지지를 얻을 수 있을까? 신구약 성경은 사후에 몸과 영혼이 분리될 뿐 아니라 몸을 떠난 영혼들의 상태에 관해 다양한 증언을 한다.

이사야 14:12에 의하면, 음부에 거주하고 있던 자들이 바벨론 왕이 음부로 내려올 때, 즉시 그인 줄 알아보고 조롱 섞인 인사말을 외친다. "너 아침의 아들 계명성이여 어찌 그리 하늘에서 떨어졌으며 너 열국을 엎은 자여 어찌 그리 땅에 찍혔는고…" 사후에 아무 의식 없이 수면 상태로 지내는 것이 아니라 지상에서 알았던 사람을 알아본다는 것은 의심의 여지가 없다.

욥기 19:26은 욥이 자기 가죽이 벗김을 당한 뒤 즉 죽음 이후에 육체 밖에서 하나님을 보리라고 고백한다. 사람은 사후에 무의식의 상태로 지내지 않는다.

마태복음 7:22은 악인이 지상에 있을 때 선지자 노릇도 하고, 귀신도 쫓아냈으며, 많은 권능을 행한 사실을 기억한다고 증언한다.

마태복음 25:37-40은 의인들은 지상에서의 자신의 옛 삶을 기억하고 있음을 말한다. 사후 인간은 의식이 없는 상태에 놓여있지 않다.

누가복음 16:9은 빚을 탕감받은 사람이 자기의 빚을 탕감해준 청지기를 영원한 처소 즉 천국에서 알아보게 됨과 동시에 그와의 교제가 있게 됨을 암시하고 있다. 이 구절은 사후에 몸을 떠난 영혼의 상태를 보여준다.

누가복음 16:19-31은 음부에 처한 부자가 나사로를 알아보고 있고, 지상에 남아 있는 자기 형제들을 기억할 수 있다고 전한다.

누가복음 23:43에서 예수님은 강도에게 오늘 낙원에 있을 것을 약속하셨다. 여기서 낙원은 성도의 영혼이 육체의 부활 시까지 머무르는 공간을 의미한다. 바울이 보고 온 셋째 하늘도 이 낙원을 가리킨다(고후 12:4).

고린도후서 5:8은 죽음 이후 그리스도와 교제가 있음을 말해준다. 바울은 죽음이 실존의 해체로 끝나는 것이 아니라 그리스도와 함께 거하게 된다고 말한다.

빌립보서 1:23은 바울은 차라리 세상을 떠나서 그리스도와 함께 있는 것을 원했고 그것이 훨씬 더 좋은 일이라고 고백한다. '떠나서'라는 말은 현세의 생명을 장막으로 비유한, 죽음에 대한 표현이다. 성경은 사후 수면상태로 지내는 것이 아니라 그리스도와 갖게 되는 교제가 있음을 말한다.

히브리서 11:10은 아브라함이 하나님이 설계하고 만드신 하늘의 도성을 소망했고, 히브리서 11:16은 이곳을 하나님이 예비하셨다고 기록한다. 하나님이 예비하신 이 도성은 몸을 떠난 영혼이 거주하는 장소를 가리키는 것이 분명하다.

히브리서 11:13-16은 믿음의 선진들은 스스로를 "땅에서는 외국인과 나그네"로 여겼다는 사실과 그들이 하나님께서 예비해 두신 하늘의 도성을 추구했으며, 또 실제로 거기에 이르렀다는 사실을 증거 한다. 거기에는 '장자들의 총회' 그리고 '의인의 영들'이 살고 있다(히 12:23).

히브리서 12:1의 "구름 같이 둘러싼 허다한 증인들"은 이 땅에서 생애를 끝내고 떠난 믿음의 선진들이며 이들이 땅에서 선한 싸움을 싸우고 있는 교회를 격려하고 있다. 그들은 아무것도 모르는 채 잠들어 있지 않다.

베드로전서 3:19은 예수 그리스도께서 감옥에 있는 영들을 찾아가 부활의 승리를 선포하셨다. 본문은 지하세계에 거짓 선지자들의 영, 불신자의 영들이 존재하고 있음을 알려준다.

사후 몸을 떠난 영혼은 수면 상태에 있지 않고 각자 운명 지어진 처소에서 계속해서 살아가고 있음을 증명하는 성경의 증거는 셀 수 없이 많다. 천국과 지옥은 성경에 분명한 뿌리를 두고 있다. 손계문은 자기 자신을 종교개혁자의 전통을 이어받은 후예라고 말하지만 그가 가르치는 '영혼수면설'은 제칠일안식일예수재림교 즉 안식교와 여호와증인의 교리이다.

2. 다음은 손계문의 요한계시록 강해 27부~29부의 주요 내용을 요약 녹취한 것이다.

계시록 19장에는 어린 양의 혼인 잔치뿐만 아니라 새들의 잔치가 나옵니다. ···어린 양의 혼인 잔치에 초청을 받은 사람들은 축복의 대상들이에요. 그런데 회개치 않은 사람들은 공중의 새들의 먹이가 되는 무시무시한 잔치의 대상이 됩니다. ···여기 짐승은 계시록 13장부터 묘사된 세상 권력과 손을 잡고 성도들을 핍박하면서 진리를 왜곡시키는 종교적 세력의 총집합체인 첫째 짐승 교황청이고 거짓 선지자는 짐승과 손을 잡아서 거짓 성령 운동으로 각종 치유 집회 등 기적을 행하면서 첫째 짐승을 위해 우상을 만들고 우상에게 경배하도록 강요하는 둘째 짐승, 미국과 배도한 개신교회입니다. 이 기만의 거대한 두 조직체 짐승과 거짓 선지자는 사람들을 기적으로 속여서 짐승의 표를 받게 하는 장본인들입니다. (손계문, 2019년 7월 27일 설교, "요한계시록 강해 27부" https://www.youtube. com).

천년이 지난 다음에 어떤 사건이 일어납니까? ···하늘에서 새 예루살렘성이 내려옵니다. 자 여기 예루살렘성이 현재 이스라엘에 있는 예루살렘인가요 지금 실제적으로 하늘에서 내려오나요? (실제적으로) 하늘에서 내려옵니다 (손계문, 2019년 8월 17일 설교, "요한계시록 강해 28부" https://www. youtube. com).

새 하늘과 새 땅은 어떤 곳일까요? 성경은 신부가 남편을 위해 단장한 것 같다고 말합니다. ···새 하늘과 새 땅이 신부가 단장하듯이 우리를 위해서 준비되고 있고 기다리고 있다 그 말입니다. 그래서 우리와 결혼할 날을 손꼽아 기다리고 있다는 것입니다. 새 하늘과 새 땅에서의 삶은 어떤 삶일까? 새 하늘과 새 땅에서는 ···영원히 공부합니다. ···노동의 기쁨이 있습니다. ···우리가 부활해서 새 몸을 입을 때 키가 아담처럼 커 있을 겁니다. ···우리가 성경을 한번 읽으면 창세기부터 요한계시록까지 통째로 암송할 수 있는 그런 기억력을 갖게 될 것입니다. ···새 하늘과 새 땅에서는 뭔가를 자세히 보고 싶다며 우리의 눈이 현미경이 됩니다. ···새 하늘과 새 땅은 모든 사람을 위한 곳이 아닙니다. 가고 싶다 해서 모두가 갈 수 있는 것도 아닙니다. ···거짓말하는 자는 새 하늘과 새 땅이 아니라 불 못에서 최후를 맞이할 것입니다. ···하나님의 말씀을 전한다고 하면서도 비성경적인 설교를 하는 것도 거짓말입니다. ···목사들은 설교할 때마다 두려운 마음으로 하나님 앞에 서야 합니다(손계문, 2019년 8월 24일 설교, "요한계시록 강해 29부" https://www.youtube. com).

참고문헌

권성수. 『요한계시록 』. 서울: 선교횃불, 1999.

박수암. 『요한계시록』. 서울: 대한기독교출판사, 1989.

박창건. 『성서주석: 에베소서』. 서울: 대한기독교서회, 1994.

홍창표. 『요한계시록 해설 1집』. 서울: 크리스챤북, 1999.

탁명환. 『기독교 이단연구』. 서울: 국제종교문제연구소, 1986.

Aune, David E. 『요한계시록 6-16』. "WORD BIBLICAL COMMENTARY volume 52B".

_____. 『요한계시록 17-22』. "WORD BIBLICAL COMMENTARY volume 52C".

Beckwith, Roger T. Christian Sunday. Grand Rapids: Baker book house, 1978.

Boring, M. Eugene. 『요한계시록』. 소기천 역. 서울: 한국장로교출판사, 2011.

Goldingay, John E. 『다니엘』. "WORD BIBLICAL COMMENTARY volume 30".

Mayer, F. E. 『루터교 신학』. 지원용 역. 서울: 컨콜디아사, 1985.

Muller, Jr. D. G. Testing the apocalypse: The history of the Book of
　　Revelation. Bloomington: Westbow Press, 2015.

Roloff, J. The Revelation of John : A Continental Commentary.
　　Minneapolis: Fortress, 1993.

Woodrow, Ralph E. 『로마 카톨릭의 어제와 오늘』. 김덕균 역. 서울:
　　기독교문서선교회, 1994.